… 모든 것을 버리고 …

… 예수의 무릎 아래 엎드려 …

교회가 친목동아리로, 예배가 익숙한 종교행사로, 설교가 친숙한 훈화로 퇴화하는 한, 그래서 교회, 예배, 설교 안에서 거룩한 두려움을 경험하지 못하는 한, 한국교회의 미래는 없습니다. "나를 떠나소서"란 시몬의 처절한 절규가 우리 입에서 재현될 때, 한국교회는 비로소 진정한 하나님의 전이 될 것입니다. 한국교회의 부흥은 거기서부터 시작할 것입니다.

## 추천의 글

### 양희송 | 청어람 대표기획자

" 한국교회의 회복은 결국 '목회의 회복' 없이는 불가능할 것이며,
이는 다시 '목회자의 회복' 없이 가능하지 않습니다.
배덕만 목사는 이미 신학자로 한국교회에 적지않은 기여를 하고 있는 분이지만,
이 책은 목회자로서의 적나라한 자기 성찰을 담은 묵상록이자 고백록입니다.
그의 길이 옳고, 그 방법이 정공법입니다. '
소명'은 적자생존 시대의 승리 비결이 아니라,
한 인격 속에 실현된 역동적 부르심입니다.
이 결핍을 회개하고, 회개합니다. "

## 소명

| | |
|---|---|
| 지은이 | 배 덕 만 |
| 초판 | 2013년 11월 9일 |
| 초판 2쇄 | 2019년 7월 22일 |
| | |
| 펴낸이 | 배용하 |
| 책임편집 | 배용하 |
| 교열교정 | 양영현 |
| 등록 | 제364-2008-000013호 |
| 펴낸곳 | 도서출판 대장간 |
| | www.daejanggan.org |
| 등록한곳 | 충남 논산시 매죽헌로 1176번길 8-54, 101호 |
| 대표전화 | 전화 041-742-1424 전송 0303-0959-1424 |
| | |
| 분류 | 목회 \| 신앙 \| 소명 |
| ISBN | 978-89-7071-309-0   03230 |

이 책은 저작권법에 의해 보호를 받는 출판물입니다.
기록된 형태의 허락 없이는 무단 전재와 복제를 금합니다.

 값 8,000원

# 소명
## the Calling

배덕만

오늘날 사회적·교회적 비난과 개혁의 원인이 되는, 교회 안팎에서 벌어지는 수많은 윤리적 일탈행위는 근원적으로 불신앙의 문제이며, 그것은 하나님에 대한 경외감의 부재와 깊이 관계가 있습니다. 이제는 한국교회가 하나님의 현존을 체험하지 못하는 한, 그분의 현존 앞에서 절대적 공포를 경험하지 못하는 한, 교회 안에서 하나님의 이름으로 벌어지는 치욕스런 죄악의 고리는 끊을 수 없습니다.

시몬 베드로를 따라가는 소명의 현장

# 차례

**프롤로그** · 11

**1장 _ 만남**
그물 · 19 | 발견 · 26 | 승선 · 32 | 대화 · 36 | 경청 · 42

**2장 _ 위기**
도전 · 55 | 갈등 · 63 | 돌파 · 69 | 기적 · 75

**3장 _ 각성**
목격 · 85 | 굴복 · 93 | 공포 · 101 | 각성 · 107

**4장 _ 사명**
대상 · 119 | 위로 · 126 | 시간 · 133 | 사명 · 139

**5장 _ 따름**
극복 · 153 | 포기 · 159 | 따름 · 166

**에필로그** · 176

**프롤로그**

# 가라 하나님나라가 이 땅에 오도록

　십자가의 복음이 확장되는 부흥의 소식보다 교회가 위기에 처했다는 암울한 소식을 더 자주 접합니다. 한때 이 땅 곳곳에서 들려오던 뜨거운 기도와 환희의 찬송 대신, 부패의 소음과 타락에 대한 비난이 교회 안팎에서 끊이지 않습니다. 해방 이후, 세계의 주목을 받던 교회성장과 선교활동은 사회적 비난과 냉대 속에 동력을 상실한 듯합니다. 동네마다 성채 같은 예배당들이 즐비하고 예배당마다 사람들로 가득하며 기독교의 위세도 여전하지만, "종이호랑이"란 진단을 피하기 어려워 보입니다. 쉽게 동의하기 어렵겠지만 부인할 수 없는 현실입니다. 이런 현실에 대한 비판적 평가를 단지 음해세력의 부당한 비판이나 저열한 공격으로 부정하는 것은 정직하지 못한 태도입니다.

이런 한국교회의 위기상황에서, 저는 목회하며 신학생을 가르치고 있습니다. 최근에 "내가 무슨 짓을 하는 거야?"란 자학적 질문에 가슴이 자주 철렁합니다. 사실, 지난 30년간 제 삶을 지탱하고 이끌어온 힘은 예수였습니다. 어린 시절, 동생들과 함께 찾아간 예배당에서 그리고 그곳에서 알게 된 예수 때문에 저의 삶은 상상도 못한 방향으로 이끌려 왔습니다. 추구할 삶의 의미와 희망할 미래조차 없던 시절, 예수는 그 시간을 견디게 해준 유일한 힘이었고 교회는 위로와 용기를 준 소중한 피난처였습니다. 그분을 닮고 싶었습니다. 그분처럼 살다 가고 싶었습니다. 그렇게 지내온 세월이 30년입니다. 그런 꿈과 열정 속에 목사가 되고 신학교 선생이 되었습니다. 그런데 어느 순간부터 길을 잘못 든 것 같아 혼란스럽습니다. 지금까지 선배들이 알려준 길로 열심히 달려왔는데, 언제부턴가 방향이 헷갈리기 시작한 것입니다. 선배들이 넘어지고 동료가 낙오되며 후배가 방황하는 모습을 봅니다. 영원할 것 같던 교회들이 붕괴하는 모습을 목격하고 있습니다. 이 참담한 역사적 갈림길에서, 저 자신도 근원적 두려움에 떱니다. 한국교회의 위기요, 저 자신의 위기입니다.

언제부터인가, 교회가 "신자들의 모임"이 아니라 "종교적 동호모임"으로 변하는 것 같습니다. 십자가의 도에 대한 피맺힌 설교는 자기계발에 대한 말랑말랑한 강의로 변형됩니다. 하나님의 현존 앞에서 존재론적 변형을 체험하는 거룩한 예배는 화려한 무대 공연으로 변모합니다. 교회에 충성하는 성실한 신자들은 많지만 "자기를 부인하고 십자가를 지고 주님을 따르는" 돈독한 제자들은 자꾸만 줄어듭니다. 이런 위기는 토대의 부실과 관계가 깊어 보입니다. 그렇다면, 기초부터 점검해야 합니다. 이 점검과 보수공사는 특정 교단이나 기관의 전유물이 될 수 없습니다. 이것은 이 시대의 모든 신자가 함께 고민하고 기도하며 분투해야 할 절박한 공동의 과제입니다. 이 문제의 해법은 처음부터, 즉 신앙의 출발점인 '소명'부터 실마리를 찾아야 할 것입니다. 지금이야말로, 우리가 처음 주님을 뵈었던 그 순간을 기억할 때입니다. 주님과의 만남에서 시작된 영적 여정을 하나씩 냉철하게 검토해야 합니다. 그래서 "소명"이 중요합니다. 동시에 소명은 우리가 매 순간 되묻고 반복해야 할 신앙의 근본입니다. 앨범 속에 담아둘 빛바랜 기억이 아니라, 오늘도 살아야 할 현실이기 때문입니다. "나는 날마다 죽노라"고전15:31고 고백했던 사도 바울처럼 말입니다.

시몬 베드로의 소명 장면을 다시 읽었습니다. 성서에서 소명의 본질을 설명하는 중요한 텍스트라고 생각했기 때문입니다. 본문을 읽으면서, 그 장면 속에 저 자신을 감정이입했습니다. 예수와 베드로의 만남을 상상하며, 그 역사적 만남의 순간에 "나라면 예수에게 어떻게 반응했을까?"란 질문을 계속 던지며 묵상을 반복했습니다. 그렇게 상상력과 감정이입 속에, 저는 이 책을 써내려갔습니다.

이 책은 IVF 동문의 저널인 『소리』에 2010년 한 해 동안 5회에 걸쳐 연재했던 글들이 단초가 되었습니다. 짧은 분량으로 소박하게 썼던 글이지만, 글의 구성과 중심내용은 그때 뼈대를 갖추었습니다. 그것을 토대로, 이번에 프롤로그와 에필로그를 첨가하며 각 장을 다시 썼습니다. 저는 성서학자가 아닙니다. 교회사를 전공한 아마추어 목회자일 뿐입니다. 따라서 이 책은 결코 성서에 대한 학문적 연구서가 아닙니다. 그렇게 될 수가 없습니다. 다만, 평범한 성도들을 염두에 두고 쓴, 매우 주관적인 사색의 산물입니다. 제 눈에 읽힌 시몬, 아니 제가 읽고 싶은 시몬의 이야기입니다. 하지만, 이 책에는 오늘도 주님의 제자가 되려고 몸부림치는 신앙의 벗들과 나누고 싶은 저의 소박한 염원이 담겨 있습니다. 여전히 고민은 설익고 해법의 농도와 깊이도 빈약하지만 말입니다.

    제가 성령에 충만해서 이 글을 썼다고 감히 말씀드릴 수 없었습니다. 하지만, 그분의 도움이 없었다면, 글을 쓸 생각도 쓸 수도 끝낼 수도 없었을 것입니다. 그래서 그분께 감사드립니다. 부디, 이 책을 읽는 분들에게, 자신을 향한 주님의 부르심(소명)에 대해 정직하고 겸손하게 숙고하는 기회가 되길 바랍니다. 그래서 다시 한 번 주먹을 쥐고 고개를 들고 주님의 뒤를 겸손히 그리고 끝까지 따르길 소망합니다. 부족한 저자의 간절한 염원입니다.

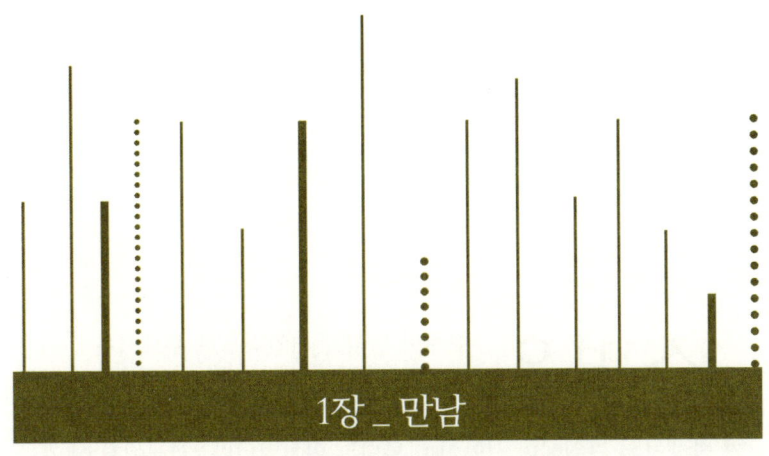

무리가 몰려와서 하나님의 말씀을 들을 새
예수는 게네사렛 호숫가에 서서 호숫가에 배 두 척이
있는 것을 보시니 어부들은 배에서 나와서 그물을 씻는지라.
예수께서 한 배에 오르시니 그 배는 시몬의 배라
육지에서 조금 떼기를 청하시고 앉으사
배에서 무리를 가르치시더니 눅5:1-4

**소명은** 주께서 우리를 개인적으로 부르시는 신비로운 체험입니다. 이 체험은 이 땅에 종교가 발생하는 근원이며 신앙이 비롯되는 원천입니다. 성서에서 이 경이로운 체험은 예수께서 방황하는 죄인을 발견하고, 그를 향해 발걸음으로 옮기는 것에서 시작됩니다. "목구멍이 포도청"이기에, 손에서 그물을 놓을 수 없는 한 어부에게 하나님의 아들이 다가오셨습니다. 그를 바라보고 그에게 말을 걸면서 두 사람 사이에 관계가 형성되고 어부의 삶이 변하기 시작했습니다. 땅만 바라보던 소박한 인간이 땅을 딛고 하늘을 우러르는 거룩한 존재로 거듭나기 시작한 것입니다.

# 그물

"어부들은 배에서 나와서 그물을 씻는지라"

예수께서 갈릴리 해변게네사렛 호숫가*에서 말씀을 전하고 계셨습니다. 공동번역에 따르면, 예수의 말씀을 들으려고 "많은 사람들"이 그를 에워쌌습니다. 말씀에 굶주린 일군의 무리가 회당이나 성전이 아닌 호숫가까지 따라 나와 예수의 말씀을 경청한 것입니다. 그들이 예수를 따라 호숫가까지 따라왔다는 서술에서, 진리를 향한 대중의 갈증이 느껴집니다. 이런 군중을 향해, 예수께서 정성을 다해 가르치셨습니다. 진리를 추구하는 아름답고 거룩한 현장입니다. 동시에, 성서는 다른 장면 하나를 보여줍니다. 이 무리의 근처 물가에 배 두 척이 정박해 있고, 그 배들에서 내린 어부들이 그물을 씻고 있습니다. 그들은 예수와 그를 둘러싼 무리에게 아무런 관심도 보이지 않습니

---

\* 누가복음 5장 1절에는 "게네사렛 호숫가"로 기록되어 있지만, 마태복음 4장 18절과 마가복음 1장 16절에는 모두 "갈릴리 해변"으로 표기되어 있습니다. 같은 장소에 대한 다른 명칭이며, 구약에선 이 호수가 하프를 닮았다는 뜻에서 "게네사렛"으로 불렸습니다. 반면, 요한복음에는 이 장면에 대해 전혀 다른 이야기가 나옵니다. 또한 성경에는 이 호수를 바다로 표현하기도 하지만, 바다는 아닙니다. 하지만 당시 팔레스타인 사람들에게 이 호수는 바다처럼 컸기 때문에, 그렇게 표현한 것으로 보입니다. 이 글에서는 그런 정서를 고려해서, "갈릴리 해변"으로 통일하여 이야기를 전개할 것입니다. 갈릴리 호수의 길이는 21km, 폭 11.2km, 깊이 39-47m정도 되는 호수로, 지중해면보다 206m 아래에 사해보다는 200m 위에 위치해 있는 팔레스타인 최대의 담수호입니다. 잉어, 정어리, 메기, 숭어가 풍부하며, 지금도 물고기를 어망으로 잡는다고 합니다.

다. 자신들의 일에 몰두할 뿐입니다. 결국, 한쪽에서는 예수를 둘러싼 무리가 종교집회를 열고, 다른 쪽에는 시몬을 중심으로 어부들이 그물을 정리하고 있습니다. 그들 간의 거리는 지척이지만, 각 무리의 정체성과 업무가 너무 달라 도무지 접촉점이나 공통점을 발견할 수 없습니다. 두 무리는 마치 물과 기름처럼 섞이지 못한 채 각자의 자리를 지키고 있습니다.

이 장면에서 우리는 그물을 손질하던 시몬에게 주목하면서 이런 질문을 던져봅니다. "왜 시몬은 곁에 있는 예수 무리에 합류하여 그분의 말씀을 듣지 않을까?" "왜 그는 과감하게 그물을 내려놓고 예수께 달려가지 않을까?" "왜 그는 그물에 집착할까?" 이 질문들은 이 책에서 제일 먼저 씨름해야 할 주제와 관련이 있습니다. 즉, 소명과 그물의 관계 말입니다. 도대체 그물의 정체는 무엇일까요?

무엇보다, 그물은 시몬의 삶 자체를 상징합니다. 그는 호숫가에서 태어났습니다. 갈릴리 해변은 조상 대대로 시몬의 집안이 살아온 곳입니다. 시몬도 그곳에서 태어나고 자랐습니다. 어릴 적부터 부모와 이웃들이 그물로 물고기 잡는 모습을 보았고, 자신도 그 방법을 자연스럽게 익혔습니다. 조상처럼 그도 어부가 되었습니다. 그물로 고기 잡는 것이 그의 삶이었고, 그렇게 사는 것이 그의 운명이었습니다. 이 운명은 바꿀 수 없습니다. 모두가 그렇게 살아왔으니까요.

또한, 그물은 그의 생존을 보장하는 유일한 도구입니다. 어부로 태어난 그는 그물질 외에 배운 것이 없습니다. 그의 마을에선 고기잡이 외에 달리 할 일도 거의 없습니다. 지금까지 그물 덕택에 그와 가족들이 먹고살았습니다. 그런 의미에서, 그물은 그에게 생명이며 유일한 생명줄이었습니다. 그에게 그물 들 힘이 남아 있는 한, 그와 가족은 목숨을 이어갈 것입니다. 하지만, 그가 그물을 내려놓는 순간, 그와 가족의 삶은 절체절명의 위기에 처하겠지요. 그것은 마치 심해에 들어간 잠수부가 산소통을 잃어버리는 것과 같습니다. 산소통을 분실한 순간, 그의 생명은 끝납니다. 그것을 잘 알기 때문에, 미치지 않고서야 산소통을 함부로 다루거나 분실할 수 없는 것이지요. 시몬의 상황도 크게 다르지 않습니다. 따라서 그가 그물을 내려놓는다는 것은 상상도 할 수 없는 일입니다.

   그물은 그가 유일하게 잘하는 일이기도 합니다. 그는 평생을 어부로 살면서 그물로 고기를 잡았습니다. 일평생 그물을 손질하고 던져 왔기 때문에, 그물은 몸의 일부가 되었습니다. 학문이나 다른 기술을 익힌 적이 없어 무식하고 촌스럽다는 소리를 듣지만, 적어도 바다에서 그물로 고기 잡는 일만큼은 시몬도 자신이 있었습니다. 그래서 그물을 던질 때, 그물로 고기를 많이 잡을 때, 그래서 사람들이 그의 솜씨를 칭찬하고 부러워할 때, 그는 삶의 보람을 느꼈습니다. 그러므로 정성스럽게 그물을 손질하고 열심히 그물을 던진 것입니다. 결국, 시몬에게 그물은 삶이었고 존재였으며 심지어 신神이었습니다.

   자기 일에 충실한 것이 무슨 잘못이겠습니까? 특히, 자신의 생계와 관련된 일에 온 힘을 다하는 것은 당연하며 심지어 아름답습니다. 그런 삶은 권장되고 칭찬받아 마땅합니다. 바울이 "일하기 싫어하거든 먹지도 말게 하라"살후3:10고 공개선언까지 했으니까요. 그런 성서에 근거해서, 역사적으로 교회는 노동을 정당화했고 교인들은 열심히 일했습니다. 그 결과, 막스 베버Max Weber 같은 학자는 기독교, 특히 청교도 윤리가 자본주의 발전에 정신적 토대가 되었다고 주장했습니다. 하지만, 바로 여기에 삶의 딜레마가 있습니다. 많은 경우, 생업에 몰두함으로써 물질적 부를 축적하지만, 같은 이유로 하나님께 온전히 주목하지 못하기 때문입니다. 즉, 인간이 하나님을 바라보지 못하는 근원적 원인 중 하나가 과도히 생업에 집착하는 것입니다. 이것은 현 자본주의 사회에서, 이렇게 피곤한 세상에서 우리가 당면한 현실의 모순입니다.

　소위 '성속이원론'이 지배하는 시대에, 많은 신자가 직업과 신앙이 분리된 삶을 살고 있습니다. 직업이 천직이고 생업이 되었지만, 신앙은 삶의 일부 심지어 여가생활에 불과한 경우가 대부분입니다. 신앙을 "절대의존의 감정"이나 "궁극적 관심"으로 이해했던 신학자들의 주장과 달리, 하나님, 신앙, 교회에 '절대적'이나 '궁극적'이란 형용사를 붙이는 것이 현실적으로 불가능해졌습니다. 일반 신도들뿐 아니라 목회자들 안에서도 이런 징후를 쉽게 발견할 수 있습니다. 출세, 직업, 돈에 마음을 빼앗겨, 주님의 얼굴을 바라보고 말씀에 귀 기울이며 마침내 그를 단호히 따르지 못하는 신자들이 우리 주변에 너무 많습니다. 이 글을 쓰는 저 자신도 별로 다르지 않습니다.

　성서는 이런 현상 일체를 '우상'이라고 명명합니다. 어쩌면 '사탄' 그 자체인지도 모르겠습니다. 에덴동산에서 하나님은 아담과 하와를 창조하시고 그들에게 수많은 과일나무를 허락하셨습니다. 그

동산을 지키고 보호하는 것이 인간의 의무였지만, 동시에 그 안의 모든 것을 먹고 누리는 것은 그들에게 허락된 하나님의 축복이었습니다. 하지만, 뱀은 인간에게 접근하여 하나님이 허락하신 것은 무시하고, 금지하신 과일만 주목하게 하였습니다. 뱀의 유혹에 이끌려 아담과 하와가 금단의 열매를 보는 순간, 그것은 "보암직하고 먹음직하고 지혜롭게 할 만"창3:6했습니다. 그들은 과일의 매력, 혹은 마력에 완전히 사로잡혔습니다. 그때부터 아담과 하와는 하나님의 말씀 대신 뱀의 교활한 혀에 현혹되기 시작했습니다. 분명히 하나님은 그 과일을 먹으면 죽는다고 경고했지만, 뱀은 "절대 죽지 않고, 오히려 하나님처럼 될 수 있다"라고 설득했습니다. 하나님의 말씀 대신 뱀의 형체로 나타난 사탄의 말에 귀 기울이는 순간, 뱀의 교활한 혀에 놀아나 금지된 과일에 눈길을 주는 순간, 그래서 탐스런 과일에 눈과 마음이 사로잡힌 순간, 아담과 하와의 귀에 더는 하나님의 말씀이 들리지 않고, 아담과 하와는 하나님과 생명에서 떠나 사탄과 죽음을 향해 이동하기 시작했습니다. 이런 사탄의 유혹, 선악과의 마법이 오늘날 우리의 삶에서 출세, 직업, 돈의 모습으로 재현되는 것입니다.

저는 구도자란 말이 좋습니다. 반면 종교인이란 표현엔 부정적 편견을 갖고 있습니다. 매우 주관적인 저의 생각입니다. 구도자가 좋은 이유는 이 단어 속에 담긴 진지함 때문입니다. 주님은 자신을 '길' 道이라고 지칭하셨습니다. 주님은 제자들을 만나셨을 때 자기를 따르라고 초대하셨습니다. 그들은 부름에 응하여 모든 것을 버리고 그를 따름으로써 제자가 되었습니다. 그러므로 구도자는 길이신 주님을 겸손하고 성실히 따르는 주님의 제자입니다. 결국, 구도자에게는 자기부인과 따름이라는 제자도의 실체가 담겨 있습니다. 결연하고 다부지며 거룩합니다.

반면, 종교인이란 말에선 그런 감동을 전혀 느낄 수 없습니다. 종교인이란 단어는 머리에 기름 바르고 목소리는 쉬었으며 말투는 권위적이고 행동은 부자연스런 어떤 모습을 떠올리게 합니다. 입만 열면 성서를 말하고 교회활동에는 열성적이며 할렐루야와 아멘을 입에 달고 살지만, 정작 말과 행동이 다르고 세속에 대한 집착이 여전한 모습에서 무속적 천박함마저 느낍니다. 기도와 말씀에 몰두하고 전도와 예배에 힘쓰는 것이 문제가 아니라, 그 동기와 목적이 뒤틀려 있기 때문입니다. 십자가를 지고 자신을 따르라는 주님의 초청과 본질적으로 다르기 때문입니다.

기독교를 무속이나 도깨비 종교로 선전하는 사람들이 있습니다. 그들에게 예배는 제사와 다르지 않으며 목사는 무당과 비슷합니다. 돈이 신이 되고 자본주의가 종교가 된 세상에서 기독교조차 무속의 아류로 전락하는 현상은 참담합니다. 교인들은 차고 넘치나 제자는 씨가 마르는 현실은 슬픔입니다. 교회의 십자가는 날로 웅장하고 화려하나 정작 십자가를 지는 교회의 모습이 희박한 오늘의 기독교문화는 비극입니다. 대박을 꿈꾸며 돼지머리에 지폐를 꽂는 심정으로 교회 문턱을 넘는 종교행위는 신성모독입니다. 그런 종교, 그런 종교인은 성서와 예수와 상관이 없습니다.

예수는 세상이 눈을 돌린 가난한 자들 속에서 천국을 보았습니다.

굶는 사람 우는 사람 핍박받는 사람 속에서 복의 참 의미를 읽었습니다. 하지만, 세상 사람들이 부러워하고 칭찬하는 부요한 자들 배부른 자들 웃는 자들 속에서 하나님의 진노를 보았습니다. 기독교의 본질은 이런 예수의 눈으로 세상을 보는 것입니다. 그런 기준으로 세상을 사는 것입니다. 세상의 가치관과 충돌하기에 현실적 고통과 손해를 피할 수 없지만, 그럼에도 십자가를 지고 그분의 뒤를 따르는 것입니다. 세상의 가치가 아닌 천국의 가치, 세속의 성공이 아닌 천국의 복락을 앙망하며 사는 것입니다. 기독교의 본질입니다.

다시 해변에서 그물을 씻고 있던 시몬을 생각해 봅시다. 그는 자신의 일에 푹 빠져 있었습니다. 다음 날 다시 물고기를 잡으려면, 작업으로 엉망이 된 그물을 깨끗이 닦고 정리해야 합니다. 평생, 이 일을 해 온 시몬은 능숙한 솜씨로 정밀한 기계처럼 그물을 정리하기 시작했습니다. 정성을 다해 그물을 손질한 것입니다. 하지만, 마음과 정신이 그물에만 집중되었기에, 예수께서 가까운 곳에 계시다는 사실도 인지할 수 없었습니다. 근처에서 무리에게 말씀을 전하시는 예수께 시몬은 한눈(?)을 팔 여유가 없었던 것입니다. 당연히 그분의 말씀도 들을 수 없었지요. 인간의 모습을 한 하나님이 바로 옆에 계셨지만, 그분을 알아볼 수 없었습니다. 그물의 무서운 마력입니다.

# 발견

"호숫가에 배 두 척이 있는 것을 보시니"

일에 몸과 마음을 빼앗긴 우리가 예수를 자발적이고 능동적으로 바라보기는 쉬운 일이 아닙니다. 그분에게 관심을 둘 만큼 마음의 여유가 없어서, 우리가 자발적으로 주님을 발견하고 그분 곁으로 달려가는 일도 극히 드뭅니다. 대신, 우리가 자기 일에 깊이 빠져 주님께 눈길도 주지 않을 때, 항상 우리를 먼저 발견하시는 분은 주님입니다. 그렇게 예수께서 우리를 먼저 발견하심으로써, 그분과 우리 사이에 새로운 관계가 형성됩니다. 그날 호숫가에서 시몬과 예수는 그렇게 만났습니다. "예수는 게네사렛 호숫가에 서서 호숫가에 배 두 척이 있는 것을 보시니." 많은 사람에 둘러싸여 말씀을 전하고 계셨지만, 어느새 예수는 시몬의 무리를 발견하고 주목하셨습니다. 그 순간부터, 어부 시몬이 제자 베드로 거듭나는 극적인 과정이 시작되었습니다.

무화과나무 아래 서 있던 나다나엘을 발견하신 분도 예수셨습니다. 예수께서 그를 "참 이스라엘 사람이라. 그 속에 간사한 것이 없도다"요1:47라고 말씀하셨을 때, 나다나엘은 기절할 듯이 놀랐습니다. 그는 한 번도 예수께 주목한 적이 없었지만, 예수는 어디선가 그를 먼저 보셨고 그의 실체를 간파하셨으며, 심지어 그를 또렷이 기억하셨기 때문입니다. 예수 공동체에 대한 불타는 적개심으로 살기등등하여 다메섹으로 향하던 사울과 예수의 만남도 마찬가지였습니다. 예수를 본 적이 없던 사울은 예수를 몰랐습니다. 그럼에도, 그의 흔적을 이 땅에서 지우려는 열정에 사로잡혀 살기가 등등했습니다. 하지만, 주님은 그를 주목하셨습니다. 그리고 때가 되었을 때, 사울 앞에 부활의 주로 나타나셨습니다. 사울은 예수를 알아보지 못했지만, 예수는 이미 그를 알고 계셨습니다. 이처럼, 우리가 주님을 주목하지 못할 때, 그분에게 관심도 두지 않을 때, 심지어 그분을 미워하고 반대할 때, 주님은 우리를 먼저 발견하고 바라보십니다. 그렇게 우리는 주님에게 발견됩니다.

누가복음 15장에는 잃어버린 어린양을 찾으려고 온 광야를 헤집고 다니는 목동, 잃어버린 동전을 찾으려고 집안 전체를 뒤집는 여인, 그리고 집 나간 아들을 끝까지 기다리는 아버지의 모습이 흥미롭게 묘사되어 있습니다. 잃어버린 양은 두려워 떨지만 혼자서 어쩔 수 없는 상황입니다. 방바닥에 떨어져 구석에 처박힌 동전도 어둠 속에 갇혀 잊힐 수밖에 없는 처지입니다. 집을 떠나 방탕한 생활을 하던 아들의 머릿속에서 아버지는 이미 오래전에 종적을 감추었습니다. 하지만, 목동은 잃어버린 어린양을 버리지 않습니다. 여인은 사라진 동전을 포기하지 않습니다. 아버지는 집을 나간 아들을 한순간도 잊은 적이 없습니다. 그래서 목동은 99마리의 양들을 뒤에 남겨두고 어두운 광야를 헤집고 다닙니다. 여인은 집안의 가구를 전부 옮기고 바닥을 샅샅이 뒤집니다. 아버지는 세월이 흘러도 변함없이 아들을 기다리며 문밖을 서성입니다. 결국, 목동은 잃은 양을 찾고, 여인과 아버지는 잃었던 동전과 아들을 각각 찾습니다. 잃었던 것을 다시 찾은 기쁨에 잔치를 열고 모든 이웃과 기쁨을 나눕니다. 이처럼, 우리를 먼저 주도적으로 찾는 분은 언제나 주님입니다.

구약에서 하나님의 모습도 다르지 않습니다. 이방의 땅 갈대아 우르에 살던 아브라함을 하나님이 먼저 발견하셨습니다. 아브라함이 하나님을 먼저 찾았다는 기록은 성서 어디에도 없습니다. 불현듯 하나님이 그를 찾아오셨습니다. 하나님이 아브라함을 찾지 않으셨다면 아브라함은 평범한 노인으로 생을 마감했을 것입니다. 그랬다면 이스라엘과 인류의 역사도 근본적으로 달라졌겠지요. 역으로, 하나님께 발견됨으로써 아브라함은 인생을 정리해야 할 70대에 삶을 새로 시작할 수 있었습니다. 자신의 묘를 정리하고 손자들의 재롱 속에 시간을 지워가야 할 나이에, 그는 청년 같은 삶을 다시 시작할 수 있었습니다. 하나님을 만났고 아들을 얻었으며 민족의 시조가 된 것입니다. 이스라엘과 하나님과의 관계는 그렇게 시작되었습니다.

절망과 패배감 속에 허송세월하던 모세는 하나님을 잊었습니다. 삶의 의미와 목적을 상실한 채, 초라하고 쓸쓸하게 늙어가던 목동 모세는 하나님을 찾지 않았습니다. 세상의 중심에서 만인의 주목을 받던 그가 평범한 노인으로 추락하여 세상의 변두리에서 초라하게 늙어갈 때, 모세의 삶은 무의미했습니다. 소수의 부족과 양떼들에 둘러싸여 살았지만, 그가 살아가는 시간과 공간은 공허하고 허망했습니다. 하지만, 그 순간에도 하나님은 그를 지켜보고 계셨습니다. 이집트에서뿐 아니라 광야에서도 하나님의 눈길은 모세를 향해 있었습니다. 모세는 하나님을 잊었지만, 하나님은 모세를 잊지 않았습니다. 모세의 삶에서 하나님은 철저히 삭제되었지만, 하나님의 삶에서 모세는 여전히 중심이었습니다. 그렇게 모세의 발걸음을 따라가던 하나님의 눈길이 어느새 모세의 발걸음을 불타오르는 떨기나무 곁으로 인도했습니다. 그렇게 모세는 하나님을 만났습니다. "내가 주님을 바라볼 수 없을 때, 주님은 늘 내 눈 속을 들여다보십니다"라는 한 신비가의 고백처럼, 하나님은 모세를 늘 바라보고 계셨고 먼저 발견하신 겁니다.

　주님이 우리를 먼저 바라보신다는 말씀은 우리에게 무한한 위로와 함께 무서운 경고의 메시지입니다. 무심하고 철없는 우리는 주님을 바라보지 못할 때가 잦습니다. 때로는 무지해서 때로는 분주해서 때로는 믿음이 부족해서 주님을 바라보지 못합니다. 만약 주님과 우리의 관계가 오직 우리의 반응과 책임에 달렸다면, 이 관계는 결코 유지될 수 없을 것입니다. 우리의 변덕과 우유부단 때문에 말입니다. 하지만, 우리가 주님을 바라보지 못할 때, 어느새 주님은 우리를 발견하고 우리에게 집중하십니다. 사도 요한의 고백처럼, "우리가 사랑함은 그가 먼저 우리를 사랑하셨음이라."요월4:19 주님이 먼저 시작하신 사랑이 우리와 주님의 관계를 지킵니다. 정녕, 복음입니다. 동시에, 우리가 주님을 의식하지 못하는 순간, 우리가 주님의 눈길을 피한 곳에서조차 주님의 눈이 먼저 우리를 발견한다는 사실은 우리에게 극단적 긴장을 일으킵니다. 시편 기자의 고백처럼, "내가 주의 영을 떠나 어디로 가며 주의 앞에서 어디로 피하리이까. 내가 하늘에 올라갈지라도 거기 계시며 스올에 내 자리를 펼지라도 거기 계시니이다."시139:7-8 마치 주님이 계시지 않은 듯이 살아가는 사람들, 주님의 존재를 무시하고 살아가는 사람들이 주님의 눈길을 피할 곳은 없습니다. 우리가 주님의 눈길을 피해도, 어느새 주님은 우리를 발견하고 주목하십니다. 우리가 이 땅에 사는 동안, 우리는 주님의 눈길에서 벗어날 수 없습니다. 영원이신 하나님은 시간을 초월해서 유한한 우리를 바라보십니다. 임마누엘의 하나님은 그런 분입니다.

존경하는 교수님이 학교에서 파면을 당했습니다. 파행으로 치닫는 학교를 위해 위험을 무릅 쓰고 책임을 다했는데, 돌아온 결과는 파면이었습니다. 40대 후반의 나이에 실업자가 된 것입니다. 날벼락입니다. 존경하는 목사님의 암이 재발하여 재수술을 받으셨습니다. 또다시 목회를 쉬어야 한답니다. 목회를 위해 청춘을 불살랐는데, 돌아온 결과는 암 덩어리였습니다. 인생의 절정기를 병마와 씨름하게 된 것입니다. 청천벽력입니다. 사랑했던 장로님의 사업이 파산했습니다. 훌륭한 목사님의 아들로 태어나 일생 신실하게 교회를 섬겼고 마침내 장로님이 되셨습니다. 하지만, 교회를 책임져야 할 결정적 순간에 그의 사업이 망했습니다. 참담합니다. 이런 소식들을 전해 들으며 저는 할 말을 잃었습니다. 그런 속사정을 몰랐던 저의 무관심과 그들을 위해 아무것도 할 수 없는 저의 무능함에 진저리를 쳤습니다. 동시에, 모세, 엘리야, 베드로의 이야기가 떠올랐습니다. 늙은 모세를 부르시는 하나님이 보였습니다. 겁에 질린 엘리야를 찾으시는 하나님을 기억했습니다. 생각 없는 시몬을 바라보시는 주님이 생각났습니다. 지금, "영혼의 어두운 밤"을 통과하시는 그분들에게 주님의 눈길이 필요합니다. 보고 계시지요, 주님?

# 승선

## "예수께서 한 배에 오르시니"

시몬을 발견하신 예수는 그를 바라보는 것만으로 만족할 수 없었습니다. 시몬과 주님 사이를 갈라놓은 지리적 간격을 그대로 버려둘 수 없었습니다. 여전히 그물에 마음과 눈길을 고정하고 있는 시몬, 그래서 자신과 상관없는 사람으로 평범한 어부로 살려는 시몬을 예수는 더는 참을 수 없었습니다. 마침내, 예수께서 시몬을 향해 걸음을 옮기기 시작하셨습니다. 그리고 무작정 그의 배에 오르셨습니다. 주인인 시몬에게 묻지도 않고 허락도 받지 않은 채 말입니다. "예수께서 한 배에 오르시니 그 배는 시몬의 배라." 이로써, 예수와 시몬 사이를 갈라놓은 지리적 간격이 순식간에 사라졌습니다. 시몬의 관심 밖에 존재했던 예수께서 시몬의 영역 안으로 홀연히 들어오심으로써, '남'이었던 두 사람 사이에 새로운 관계가 형성되기 시작했습니다. 이제 지극히 평범했던 어부 시몬에게 극적인 삶의 변화가 시작될 지리적 공간이 확보된 것입니다.

먼저, 시몬은 무작정 배에 오르시는 예수 때문에, 처음으로 그를 바라보게 되었습니다. 비록 예수께서 먼저 그를 발견했지만, 그 눈길은 일방적이었습니다. 시몬에게 예수는 여전히 시야 밖에 존재하는

'남'이었습니다. 하지만, 예수께서 주인의 허락도 없이 그의 배에 오르심으로써, 시몬은 반사적으로 그를 쳐다보게 된 것입니다. 그래서 처음으로 그의 눈길이 그물로부터 예수의 얼굴로 이동했습니다. 처음으로, 두 사람의 눈길이 마주치고 서로 얼굴을 바라보게 된 것입니다. 뽕나무에 올라 예수를 바라보던 삭게오를 예수께서 발견하시고 그의 얼굴을 쳐다보신 것처럼 말입니다. 그렇게 두 사람 간의 만남이 극적으로 시작되었습니다.

시몬은 예수의 주문대로 배를 움직여야 했기에, 마침내 손에서 그물을 내려놓았습니다. 그동안 그의 몸과 마음을 장악한 그물 때문에, 그는 가까이 계신 예수께 자신의 눈과 귀를 열 수 없었습니다. 마치 아시아와 아메리카 대륙 사이의 거대한 태평양처럼, 예수와 시몬의 가까운 거리를 갈라놓았던 장애물이 마침내 제거된 것입니다. 그물을 내려놓음으로써, 시몬은 더 자유로이 주님께 반응할 수 있게 되었습니다. 아버지를 떠나 타국에서 허랑방탕했던 못된 아들은 재산을 탕진하고 짐승 같은 처지로 추락했습니다. 실수만 반복했던 아들이 그때야 정신을 차렸습니다. 하지만, 자신이 저지른 엄청난 짓 때문에, 아버지께 돌아갈 수 없었습니다. 수치와 죄책감이 그의 발목을 잡았습니다. 하지만, 그는 내적 갈등에서 승리했습니다. 아버지 집을 기억한 그는 수치와 죄책감을 극복하고 아버지 집으로 발걸음을 옮기기 시작했습니다. 수치심과 죄책감이란 탕자의 그물을 내려놓았을 때, 아버지와 아들을 갈라놓았던 정서적·지리적 간격이 극복되고 두 사람 간의 관계가 회복되었습니다.

또한, 노를 저어야 했기 때문에, 시몬은 예수 곁에 앉았습니다. 이제, 시몬은 예수 곁에서 그의 육성을 직접 들을 수 있게 되었습니다. 서로 떨어져 있는 동안, 시몬은 눈으로 예수를 볼 수 있었지만, 예수 옆에 앉기 전까지 서로 간에 대화는 시작될 수 없었습니다. 또 대화를 나누기 전까지, 두 사람 사이엔 인격적 관계가 형성될 수 없었습니다. 그러나 이제 시몬이 주님 곁에 앉음으로써, 두 사람 사이에 친밀한 관계가 형성될 수 있는 최적의 환경이 조성된 것입니다. 뒤에서 살펴보겠지만, 예수는 시몬과 함께 자리에 앉은 후에야 비로소 그에게 말을 거셨습니다. 사마리아 성 야곱의 우물에서 예수께서 사마리아 여인을 만났습니다. 오랜 역사적 경험 때문에, 유대인과 사마리아인은 상종할 수 없는 관계였습니다. 그렇게 분리되어 적대하며 살던 두 지역의 사람들이 우물가에서 만난 것입니다. 주위에 아무도 없는 상황에서, 예수는 그 여인과 독대하여 대화를 시작했습니다. 예수 곁에서 직접 말씀을 들음으로써, 험난한 세월을 보냈던 여인은 새로운 삶을 시작할 수 있었고 유대와 사마리아 사이의 막힌 담도 허물어졌습니다.

이처럼 당신의 제자들 곁으로 다가가는 예수의 모습은 그의 사역에서 반복되었습니다. 특히, 부활 이후 주님의 행보를 추적해 보면, 우리는 이런 광경을 계속 발견하게 됩니다. 엠마오로 가던 제자들 곁으로 주께서 찾아오셨습니다. 그들에게 말을 걸고 성서의 의미를 풀어주자 제자들의 가슴이 뜨거워졌습니다. 눅24:13-35 부활하신 예수는 두려움에 떨며 방안에 숨어 있던 제자들을 찾아가셨습니다. 벽을 통과하여 그들 곁으로 다가가 그들에게 "평안할지어다"라고 인사하셨습니다. 그리고 그들에게 자신의 상처 난 손과 발을 보여주셨습니다. 요20:19-23 예수의 십자가처형 이후, 낙망하여 고향으로 돌아간 제자들을 예수께서 찾아가셨습니다. 물가에 불을 피우고 물고기를 구워 그들과 함께 먹었습니다. 낙망한 제자들 곁으로 다가가 위로하고 힘을 주셨습니다. 절망과 혼돈 속에 빠진 제자들이 다시 시작하도록 말입니다. 요21:1-23

더 극적인 장면은 성령께서 오순절 마가다락방에 임하신 사건입니다. 뜨겁게 기도하던 성도들 머리 위에 성령께서 불의 혀처럼 임하셨습니다. 예수의 승천 후, 공포와 고독 속에 떨며 지내던 제자들에게 성령께서 찾아오신 것입니다. "오순절 날이 이미 이르매 그들이 다같이 한곳에 모였더니, 홀연히 하늘로부터 급하고 강한 바람 같은 소리가 있어 그들이 앉은 온 집에 가득하며, 마치 불의 혀처럼 갈라지는 것들이 그들에게 보여 각 사람 위에 하나씩 임하여." 행2:1-3 "각 사람 위에 하나씩 임하여"라는 표현이 마음을 울립니다. 하나님께서 우리에게 다가오실 수 있는 가장 가까운 곳까지 직접 찾아오셨다는 표현 같기 때문입니다.

# 대화

*"조금 떼기를 청하시고."*

갑자기 예수께서 시몬을 향해 걷기 시작했고, 무작정 배에 오르셨습니다. 황당한 표정으로 자신을 바라보는 시몬에게 예수께서 말을 거셨습니다. "조금 떼기를 청하시고." 예수께서 시몬에게 말을 걸기 전, 두 사람은 완전한 남이었습니다. 한 사람은 평범한 어부였고, 다른 사람은 랍비였습니다. 하는 일과 사는 곳도 달랐습니다. 따라서 두 사람이 대화를 나눌 이유도, 삶을 공유할 명분도, 더욱이 운명이 엮일 기회도 거의 없었습니다. 그런데 예수께서 시몬에게 말을 거는 순간, 어색한 관계가 운명적 관계로 변하기 시작했습니다.

운전을 탁월하게 잘했던 제 친구는 놀랍게도 국방부장관의 운전병이 되었습니다. 낮에는 직업군인인 상사가 운전했지만, 그가 퇴근하고 나서는 제 친구가 장관을 모셨습니다. 따라서 차 안에 두 사람만 있을 때가 잦았습니다. 하지만, 장관은 제 친구에게 말을 걸지 않았습니다. 지체 높으신 장관께 운전병은 사람으로 보이지 않았는지, 가끔 손짓으로 지시할 뿐 어떤 상황에서도 말을 걸지 않았습니다. 때문에, 제 친구는 장관과 함께 있는 시간이 무척 고통스럽고, 한편으로 몹시 자존심이 상했습니다. 그러던 어느 날, 장관께서 송년파티에

가셨습니다. 차가운 겨울비가 내리는 밤이었습니다. 당시 규칙에 의하면, 장관께서 자리를 비운 동안 운전병은 차 안에 앉아 있을 수 없었습니다. 결국, 제 친구는 겨울비를 고스란히 맞으며 차 밖에서 장관을 기다려야 했습니다. 어처구니없는 규칙이었지만, 어쩔 수 없었습니다. 여러 시간이 지나, 거나하게 취한 장관께서 파티를 끝내고 밖으로 나왔습니다. 제 친구는 본능적으로 거수경례를 올렸습니다. 비를 맞아 부들부들 떨며 경례하는 제 친구를 보고, 장관은 놀란 표정을 지으며 말했습니다. "야, 인마! 추운데 차 안에서 쉬지 왜 비를 맞고 서 있어? 차에 들어가 몸 좀 녹여라." 그러면서 장관은 제 친구의 어깨를 어루만졌습니다. 그 순간 제 친구의 두 눈에선 뜨거운 눈물이 쏟아졌습니다. 그분께서 처음으로 말을 걸어주셨기 때문입니다. 자기를 운전하는 기계가 아니라 심장을 가진 인간으로 인정해 주었기 때문입니다. 정말, 어처구니가 없는 코미디지만, 황당한 군대 문화와 함께 대화의 소중함도 일깨워준 야사野史입니다.

이 시대의 치명적 문제 중 하나는 '대화의 단절'입니다. 성서가 대화의 단절을 죄의 관점에서 파악합니다. 놀랍게도, 성서의 첫 페이지는 창조주 하나님과 피조물 인간 사이의 대화를 소개합니다. 하나님은 아담의 이름을 부르고 아담은 하나님의 부름에 응답합니다. 둘 사이의 친밀한 대화를 통해 인간은 하나님의 뜻을 헤아리고 순종합니다. 하나님은 그런 인간을 축복하십니다. 그것이 낙원의 모습입니다. 하지만, 뱀의 모양으로 나타난 사탄이 하나님과 인간 사이의 신뢰를 흔들고 대화의 단절을 유도합니다. 판단력을 상실한 아담은 하나님 대신 사탄을 대화의 상대로 선택합니다. 아담은 하나님의 영향력에서 벗어나 사탄의 통제 아래 놓입니다. 마침내, 아담은 자신의 이름을 부르는 하나님을 피해 몸을 숨깁니다. 그렇게 대화가 단절되면서, 하나님과 아담의 관계는 비극으로 막을 내립니다. 하나님과 대화가 불통하면서, 아담과 이브의 관계도 파국을 맞습니다. 자식들인 가인과 아벨의 관계마저 존속살인으로 끝납니다. 대화가 단절되고 소통이 부재할 때, 우리는 치명적 고독에 빠집니다. 고독과 독단 속에 세상도 생명도 보이지 않습니다. 칼을 휘두르지 않아도, 그런 고독은 이미 죽음입니다.

    이런 불행 속에 방황하는 우리에게 하나님이 말을 거십니다. 우리는 정작 대화의 필요성조차 인식하지 못할 때, 하나님은 늘 우리를 향해 세상을 향해 "대화가 필요해!"라고 말씀하십니다. 그리고 단절된 대화, 부재한 소통의 회복을 위해 능동적으로 행동하십니다. 하나님이 세상을 향해 말을 거실 때, 죽음 같은 침묵이 생명과 사랑의 관계로 돌변합니다. "하나님이 이르시되 빛이 있으라 하시니 빛이 있었고."창1:3 이것은 아무것도 없던 상태, 즉 무의 세계를 향해 하나님이 친히 말을 거신 사건입니다. 흑암과 혼돈의 세계를 향해 하나님이 말씀하실 때, 그 흑암과 혼돈 속에 빛이 출현하고 질서가 형성되었습니다. 어느 분은 이런 창조의 과정을 chaos혼돈+logos말씀=cosmos우주라고 멋지게 설명했습니다. 아무튼, 하나님의 말씀을 통해 혼돈이 질서로, 암흑이 빛으로 변한 것입니다. 세상에 생명이 탄생한 것입니다. 예수께서 죽은 지 나흘이 되어 냄새가 나는 나사로를 큰 소리로 부르셨습니다. "나사로야 나오라." 그 순간, 죽었던 나사로가 "수족을 베로 동인 채로" 무덤에서 살아 나왔습니다. 예수께서 사울을 찾아가서 "사울아!"라고 말을 거셨습니다. 예수의 교회를 파괴하려던 그가 예수의 음성을 듣고, 예수의 교회를 세우는 사도로 변모했습니다. 뽕나무 위에서 숨죽이며 예수를 지켜보던 삭개오에게 예수께서 말을 거셨습니다. "예수께서 그곳에 이르사 쳐다보시고 이르시되 삭개오야 속히 내려오라"눅19:5 그 후, 삭개오는 더는 옛날의 삶을 지속할 수 없었습니다. 예수의 말씀으로 새로운 존재가 되었기 때문입니다.

유대인 철학자 마틴 부버Martin Buber는 그의 유명한 책, 『나와 너』에서, 인간의 관계를 '나와 그것'의 관계와 '나와 당신'의 관계로 구분했습니다. '나와 그것'은 비인격적 관계이고, '나와 당신'은 인격적 관계입니다. 술에 취하거나 정신이 온전하지 않은 사람은 전봇대와도 대화를 시도하지만, 제정신인 사람은 전봇대가 아니라 사람에게 말을 겁니다. 사람들 안에도 항상 대화가 순조롭게 진행되는 것은 아닙니다. 비행기를 타고 외국에 갈 때, 대부분 사람은 옆 좌석에 앉아 있는 낯선 사람에게 좀처럼 말을 걸지 않습니다. 모르는 사람이기 때문입니다. 출퇴근시간에 사람들이 가득 찬 지하철 안에서 모르는 사람끼리 몸이 밀착된 상황은 매우 난처합니다. 아무리 가까이 있어도 낯선 사람들과 말은커녕 얼굴도 쳐다보기 어렵습니다. 민망하기 때문입니다. 이런 경우, 사람과 사람 사이지만 '나와 그것'의 관계에 불과합니다. 교도소에 수감된 죄수들은 이름표 대신 번호표를 붙입니다. 분명히 그들도 인간이지만, 우리는 그들의 이름 대신 번호를 부릅니다. '나와 그것'의 대표적 현실입니다. 역으로, 신혼여행을 떠나는 신혼부부는 비행기 안에서 대화가 끊이지 않습니다. 사랑이 가득한 표정으로 서로 바라보며 사랑의 고백을 쏟아 놓습니다. 오랜만에 만난 친구들이 카페에 자리를 차지하고 앉습니다. 서로 이름을 부르고 이야기에 반응하며 꼬리에 꼬리를 물고 대화가 이어집니다. 친하기 때문입니다. 죄수와 달리, 우리는 아기가 태어나면 이름부터 지어줍니다. 그리고 세상에서 가장 큰 사랑을 마음과 입술에 담아 그 이름을 불러봅니다. '나와 당신'의 관계는 그런 것입니다.

  이처럼, 사람과 사람의 관계를 가능하게 하고 유지하는 것은 언어이며 대화입니다. 언어는 인간들 간에 소통을 가능하게 하는 근본적이고 탁월한 도구입니다. 아름다운 언어로 말을 걸고 사랑을 고백하며 진실을 이야기하는 것은 인간에게 주어진 하늘의 축복입니다. 중세교회에서 가장 무서운 형벌은 '파문' excommunication이었습니다. 파문에 해당하는 영어단어가 말해주듯, 그것은 소통communication의 단절ex을 뜻합니다. 사회적·종교적으로 특정인을 "왕따" 시키겠다는 공식적 선언이지요. 그것은 육신의 죽음보다 더 무서운 형벌이었습니다. 왜 교회가 육체적 처벌보다 파문을 더 가혹한 심판으로 규정했는지, 우리는 이해할 수 있습니다. 역으로, 성서가 구원을 하나님과 인간 사이에 단절된 관계의 회복으로 설명하고, 예수의 희생으로 하나님과 인간 사이의 막힌 담이 허물어졌다고 선언합니다. 예수를 하나님의 말씀이자 화목제물로 정의하는 것은 바로 이런 이유 때문입니다. 이런 맥락에서, 성서가 하나님이 우리에게 보내신 사랑의 편지, 우리에게 당신의 마음을 전함으로써 우리와 대화를 회복하려는 러브레터임에 틀림없습니다. 결국, 말씀을 매개로 한 관계의 회복은 생명과 구원을 뜻하고, 소통과 대화의 단절은 죽음과 형벌을 의미합니다.

예수께서 사람과 특별한 관계를 맺으실 때에는 반드시 자신이 먼저 말을 거셨습니다. 그렇게 주님과 그들은 '나와 그것'의 관계에서 '나와 당신'의 관계로 변했습니다. 따라서 주께서 제자들을 부르시는 거룩한 사건인 소명에서 '주님의 말 걸기'는 대단히 중요한 과정입니다. 소명은 내가 주님을 부르는 것이 아니라, 주께서 나를 부르시는 사건이기 때문입니다. 우리는 결코 주님의 이름을 먼저 부르지 못합니다. 부름의 주체는 주님이며, 그분이 이 과정을 주도하십니다. 우리가 전혀 기대하지 않은 순간, 주님은 우리 곁에 다가와 말을 거십니다. 상상도 할 수 없던 그 경이적 사건이 언제나 주님의 주도하에 기적처럼 우리에게 일어납니다.

# 경청

## "앉으사 배에서 무리를 가르치시더니"

　시몬의 배에 오르자마자, 예수는 다시 무리에게 가르치기 시작하셨습니다. 그때에 시몬은 예수께서 말씀을 전하시는데 불편함이 없도록 배를 안전하게 조정했습니다. 물론, 이 상황은 그가 의도했던 것도 소망했던 것도 아닙니다. 단지 예수의 일방적 요청으로 그를 잠시 자기 배에 태웠을 뿐입니다. 조금 전까지 그의 손에는 그물이 쥐어져 있었지만, 지금은 노를 잡고 있을 뿐입니다. 예수의 가르침에 집중하던 사람들 틈이 아니라, 예수 곁에서 배를 조정할 뿐입니다. 그의 관심은 여전히 먹고 살기 위한 생업에 집중되었고, 그의 몸도 그런 목적을 위해 움직였습니다. 하지만, 시몬은 자신의 의지와 상관없이, 그리고 전혀 예기치 못한 방식으로 예수의 계획에 말려들었습니다. 그야말로, 예수에게 '낚인 것' 입니다. 예수 곁에서 노를 잡는 동안, 그는 꼼짝없이 그의 가르침을 들을 수밖에 없었기 때문입니다.

　몇 년 전, 저는 한 기독교대학 채플에서 설교한 적이 있습니다. 멋진 예배당이 수백 명의 학생으로 가득했습니다. 저는 설레는 마음으로 강단에 섰습니다. 하지만, 학생들을 둘러보던 저는 순간적으로 크게 당황했습니다. 그 많은 학생 중, 저를 쳐다보는 사람은 손에 꼽을 정도밖에 되지 않았기 때문입니다. 나머지 학생들 대부분은 이미 깊은 잠에 빠졌고, 아직 잠들지 않은 학생들도 휴대전화 삼매경에 빠졌거나 거울을 보며 화장에 몰두하고 있었습니다. 예배 시간에 그런 모습을 처음 접했기 때문에, 저는 정말 당황했습니다. 마음이 위축되고 자신감을 잃었습니다. 하지만, 곧 오기가 발동했습니다. 그리고 기도했습니다. "주님, 어차피 저들이 이 예배당에 들어온 이상, 잠을 자든 화장을 하든, 제 설교를 듣지 않을 수 없습니다. 주님, 제가 담대히 말씀을 전하도록 힘을 주십시오. 저 친구들, 오늘만은 잠잘 수 없을 것입니다." 결국, 저의 절규와 고함 때문에 잠들었던 녀석들이 하나둘씩 눈을 뜨기 시작했습니다. 서로 힘들었지만, 아무튼 그들은 잠에서 깼고, 말씀을 들었습니다.

본문 속에서, 우리는 예수에 의해 시몬에게 발생한 두 가지 변화를 목격합니다. 먼저, 얼마 전까지 예수와 떨어져 있던 시몬이 지금은 예수 곁에 앉아 있습니다. 조금 전까지 예수는 사람들에게 말씀을 전했고, 시몬은 그물을 정리했습니다. 사실, 이 두 사람 간의 거리는 돌을 던지면 닿을 정도로 가까웠지만, 현실적으로 양자의 간격은 좁혀질 수 없었습니다. 다시 말해, 두 사람 사이의 지리적 거리는 얼마 되지 않았지만, 양자 간의 존재론적 차이는 그야말로 하늘과 땅의 차이였던 것입니다. 예수는 천국의 비밀을 가르치는 선생이었고, 시몬은 그물을 정리하는 어부였습니다. 바울의 표현을 빌리면, 예수는 "영"에 속한 사람이었고, 시몬은 "육"에 속한 사람이었습니다. 롬8:1-17 참조 예수의 삶 자체는 온통 하늘의 것으로 가득했지만, 시몬의 삶은 완전히 땅의 것에 사로잡혀 있었습니다. 그런데 어느 순간, 하늘과 땅처럼, 물과 기름처럼 결코 극복될 수 없을 것 같던 차이와 간격이 사라지고, 시몬이 예수 곁에 있게 된 것입니다.

또한, 얼마 전까지 예수의 말씀을 전혀 들을 수 없었던 시몬이 이제는 예수 곁에 앉아서 그분의 가르침을 직접 듣게 되었습니다. 그동안 시몬이 예수의 말씀을 들을 수 없었던 것은 그물 때문이었습니다. 그물이 예수의 말씀으로부터 그의 마음과 귀를 닫아버린 것입니다. 일단 그물에 마음과 눈을 빼앗기자, 예수의 말씀에 마음과 귀를 열 수 없었습니다. 동시에, 그렇게 닫힌 마음, 빼앗긴 눈 때문에, 시몬과 예수 사이의 물리적 거리는 결코 극복될 수 없었습니다. 그런데 이제 시몬은 자신의 의도와 상관없이, 예수 곁에서 예수의 육성을 직접 들을 수밖에 없는 상황에 놓인 것입니다. 그가 예수에게서 떨어져 있는 동안에는 결코 들을 수 없었던 예수의 목소리를 이제는 자신의 귀로 직접 듣게 된 것입니다. 그분의 목소리뿐 아니라, 그분의 목소리로 전하는 천국의 메시지도 함께 말입니다.

이런 맥락에서, 우리는 마르다와 마리아의 이야기를 좀 더 깊이 이해할 수 있을 것 같습니다. 마르다는 예수를 대접하기 위해 바빴습니다. 마르다는 예수를 사랑하고 존경했음이 틀림없습니다. 그런 애정 때문에, 마르다는 예수를 대접하고 싶었고, 그것 때문에 분주했습니다. 반면, 같은 시간에 마리아는 예수께서 전하시는 말씀을 듣느라고 정신이 없었습니다. 언니가 부엌에서 분주한 것도 잊은 채, 오직 예수께만 눈과 귀를 집중하고 있었습니다. 결국, 동생의 행동에 마음이 상한 마르다가 예수께 불평을 털어놓았습니다. 하지만, 예수는 마르다의 편이 되어주기보다, 오히려 마리아의 행동을 두둔했습니다. "마르다야 마르다야 네가 많은 일로 염려하고 근심하나, 몇 가지만 하든지 혹은 한 가지만이라도 족하니라. 마리아는 이 좋은 편을 택하였으니 빼앗기지 아니하리라 하시니라."눅10:41-42 예수의 관점에서, 우리에게 가장 중요한 것은 예수의 말씀을 듣는 것입니다. 예수께서 우리에게 기대하시는 가장 중요하고 절박한 행동도 우리가 예수의 말씀에 귀 기울이는 것입니다. 동시에, 우리가 예수를 대접하는 최고의 방법도 예수의 말씀을 경청하는 것입니다. 다시 말해, 예수께서 우리에게 기대하는 대접은 맛있는 음식이 아닙니다. 예수를 대접하겠다는 열망과 열심 때문에 분주하여 그분의 가르침을 제대로 듣지 못한다면, 심지어 그런 열심과 정성 때문에 마음에 원망이 쌓이고 형제간에 다툼이 생긴다면, 그것은 정말 어처구니없는 일입니다. 예수의 말씀을 경청하던 마리아 안에선 어떤 불평이나 갈등도 발견할 수 없었습니다. 하지만, 예수를 대접하는 일로 분주했던 마르다는 불평과 질투로 마음이 불편했습니다. 이 상황에서 예수는 단호하게 마리아의 손을 들어주셨습니다. 음식을 장만해서 돌아온 제자들에게도 예수는 이렇게 말씀하셨습니다. "나의 양식은 나를 보내신 이의 뜻을 행하며 그의 일을 온전히 이루는 이것이니라"요4:34 사마리아 여인과 대화를 마친 후, 예수께서 이 말씀을 하셨다는 사실을 우리는 기억해야 합니다. 제자들은 주님을 위해 음식을 구하느라 분주했으나, 사마리아 여인은 주님 곁에서 주님의 말씀을 경청했던 것입니다.

바울도 같은 이유로, '말씀 듣기'의 중요성을 전합니다. "믿음은 들음에서 나며 들음은 그리스도의 말씀으로 말미암았느니라"롬10:17 이 말씀에 대한 영어번역은 "No one can have faith without hearing the message about Christ"입니다. "누구도 그리스도에 대한 메시지를 듣지 않으면 믿음을 가질 수 없다"라고 번역할 수 있습니다. 즉, 우리의 구원이 믿음에 달렸다면, 그 믿음은 예수 그리스도에 대한 말씀을 듣는 것에서 비롯됩니다. 이런 맥락에서 칼 바르트Karl Barth 같은 신학자는 자연계시를 단호하게 거부했습니다. 우리가 구원의 복음을 알게 되는 것은 자연이 아니라, 예수 그리스도의 말씀을 통해서만 가능하다는 것이 그의 일관된 주장입니다. 그런 의미에서, 바르트는 예수 그리스도에 대한 메시지를 담은 성서나 설교를 하나님의 말씀으로 정의합니다. 오직 그 말씀을 통해서만 예수 그리스도가 하나님의 아들이며, 그분을 통해 우리의 구원이 성취된다는 사실을 깨닫기 때문입니다. 종교개혁자들이 선행을 통해 구원을 성취할 수 있다는 중세가톨릭의 교리를 거부했던 이유도, 성찬식 중심의 미사를 포기하고 설교중심의 예배를 강조했던 것도 바로 이런 맥락에서 이해할 수 있습니다. 예수의 말씀을 듣는 것이 얼마나 중요한지를 그들은 정확히 간파했던 것입니다.

하나님 말씀을 듣는 것의 중요성은 구약성서에서도 똑같이 확인할 수 있습니다. 신명기 6장에서 모세는 이스라엘 백성을 향해, 자신이 하나님으로부터 받은 말씀을 다음과 같이 전합니다.

이스라엘아 들으라. 우리 하나님 여호와는 오직 유일한 여호와이시니, 너는 마음을 다하고 뜻을 다하고 힘을 다하여 네 하나님 여호와를 사랑하라. 오늘 내가 네게 명하는 이 말씀을 너는 마음에 새기고, 네 자녀에게 부지런히 가르치며 집에 앉았을 때에든지 길을 갈 때에든지 누워 있을 때에든지 일어날 때에든지 이 말씀을 강론할 것이며, 너는 또 그것을 네 손목에 매어 기호를 삼으며 네 미간에 붙여 표로 삼고, 또 네 집 문설주와 바깥문에 기록할지니라.4-9

물론, 이스라엘 백성과 하나님의 온전한 관계가 말씀을 듣는 것만으로 완성되지 않습니다. 말씀을 들을 뿐 아니라, 그것을 묵상하고 실천하는 것으로 이어져야 합니다. 하지만, 그 모든 묵상, 연구, 실천은 하나님 말씀을 진지하게 듣는 것에서 시작됩니다. 말씀을 듣지 않고 믿음이 생길 수 없듯이, 말씀을 듣지 않은 상태에서 묵상과 실천은 현실적으로 불가능합니다. 따라서 구약성서에서 이스라엘의 지도자들은 쉬지 않고 백성을 향해 하나님 말씀을 들으라고 요청합니다. 모세의 뒤를 이어 이스라엘을 이끌었던 여호수아도 모세처럼 이렇게 말했습니다. "이리 와서 너희의 하나님 여호와의 말씀을 들으라."수3:9 후에, 이스라엘의 무너진 성전을 건축했던 느헤미야와 에스라도 위기에 처한 민족 앞에서 하나님 말씀을 읽었습니다. 다음의 장면은 말씀을 듣는 것의 중요성을 감동적으로 서술합니다.

> 에스라가 모든 백성 위에 서서 그들 목전에 책을 펴니 책을 펼 때에 모든 백성이 일어서니라. 에스라가 위대하신 하나님 여호와를 송축하매 모든 백성이 손을 들고 아멘 아멘 하고 응답하고 몸을 굽혀 얼굴을 땅에 대고 여호와께 경배하니라. 예수아와 바니와 세레뱌와 야민과 악굽과 사브대와 호디야와 마아세야와 그리다와 아사랴와 요사밧과 하난과 블라야와 레위 사람들은 백성이 제자리에 서 있는 동안 그들에게 율법을 깨닫게 하였는데, 하나님의 율법책을 낭독하고 그 뜻을 해석하여 백성에게 그 낭독하는 것을 다 깨닫게 하니, 백성이 율법의 말씀을 듣고 다 우는지라. 느8:5-9

하나님의 율법책을 백성에게 읽어주었을 때, 말씀을 들은 백성이 다 울었다고 합니다. 말씀의 힘을 보여주는 장면입니다. 주님의 말씀을 듣지 않고 주님의 제자가 될 수 없습니다. 그렇다면, 시몬이 예수 곁에서 그분의 말씀을 들을 수 있게 된 것이 그가 평범한 어부에서 사람을 낚는 어부로 변화되는 과정에서 또 하나의 결정적 사건이었음이 틀림없습니다. 예수의 말씀을 들어야 물고기를 낚는 '평범한 어부'가 아니라, 사람을 낚는 '거룩한 어부'가 될 수 있습니다. 예수의 말씀을 들어야 물고기를 '죽이는 그물'을 내려놓고, 사람을 '살리는 십자가'를 질 수 있습니다. 정녕, 시몬이 예수 곁에서 말씀을 듣게 된 것은 기적처럼 다가온 하늘의 축복이었습니다.

❖ ❖ ❖

저는 대학에 들어가고서, 심각한 신앙적 갈등에 빠졌습니다. 너무나 당연했던 하나님과 성서가 대학에서 유물론과 비교종교학을 접하면서 점점 더 낯설게 느껴지기 시작한 것입니다. 빠짐없이 교회에 나갔고 교회활동도 열심히 했지만, 내 마음 깊은 곳에서 심각한 신앙적·신학적 질문들이 쉬지 않고 일어났습니다. 성서는 점점 더 난해하고 당혹스런 질문의 화수분이 되었습니다. 목사님의 설교에 지적·윤리적으로 동의할 수 없을 때가 잦았습니다. 기도조차 기만적 행위로 보이면서 기도하는 횟수가 줄었습니다. 간혹 기도할 때는 밀려오는 공허함에 절망했습니다. 마침내, 하나님은 나와 상관없는 존재라는 결론에 도달했습니다.

그러던 어느 날 한 찬양집회에 참석했습니다. 어쩔 수 없이 끌려간 모임이었습니다. 집회마다 긴 설교와 더 긴 기도시간이 이어졌습니다. 집회에 참석한 사람들은 모두 말씀에 집중하고 열정적으로 기도했습니다. 찬양시간은 열광의 도가니였고, 기도시간은 광란의 절정이었습니다. 사방에서 들려오는 울음소리와 방언소리로 예배당이 가득했습니다. 하지만, 저는 기도할 수 없었습니다. 어두운 예배당 안에서, 그렇게 많은 사람 중에 저 혼자만 기도하지 못하는 것 같았습니다. 극도의 외로움과 절망감 속에, 그저 괴로운 시간이 속히 지나기만 바랄 뿐이었습니다. 그게 저의 유일한 기도였습니다. "예수는 없어. 내 삶에서 그는 없었어. 착각이었어. 이 모든 것은 다 미친 짓이야. 나는 속았어. 나는 그들에게 당한 거야." 저는 그렇게 자신을 비웃고 주변 사람을 조롱하며 예수의 존재를 부정했습니다. 물속에 떠 있는 기름처럼, 저는 그 현장의 "절대적 타자"가 되어 어둠 속에서 홀로 괴로워했습니다.

얼마나 시간이 지났을까요? 문득 제 곁에 누군가가 서 있는 것을 느꼈습니다. 그는 매우 슬픈 표정으로 저를 물끄러미 내려다보고 있었습니다. 저는 깜짝 놀랐습니다. 너무 무섭고 당혹스러워 차마 고개를 들 수 없었습니다. 불 꺼진 예배당에서 고개 숙이고 눈을 감았는데, 옆에 있는 그 사람의 슬픈 얼굴이 제게 너무도 선명히 보였습니다. 그러면서 제 마음에 그의 침통한 목소리가 들렸습니다. "덕만아, 언제까지? 나는 늘 너와 함께 있었는데… 언제까지 나를 거부하려느냐? 내가 어떻게 해야 나를 인정하겠느냐?" 제 온몸에 소름이 돋았습니다. 시간이 멈춘 듯했습니다. 제 생각과 감정, 심지어 온 감각이 정지된 듯했습니다. 그렇게 시간이 흘렀습니다. 그러면서 불편했던 마음이 서서히 정리되기 시작했습니다. 동시에, 제 삶에서 가장 어려웠던 순간들, 가장 당혹스러웠던 갈림길들이 하나씩 떠오르기 시작했습니다. 무엇보다, 불가능한 상황에서 제가 고등학교와 대학교에 진학하던 순간들이 떠올랐습니다. 어려운 가정형편 때문에, 저는 일찍부터 대학진학을 포기했습니다. 가난한 집 장남이었던 저는 하루라도 빨리 취직해서 고생하시는 어머니를 도와야 했습니다. 어릴 때부터 그런 마음을 먹었기 때문에, 제게 미래나 꿈은 없었습니다. 고등학교 시절, 교회 선생님이 "덕만아, 꿈을 크게 가져라"라고 진심 어린 충고를 하셨을 때, 저는 그저 씁쓸하게 웃고 말았습니다. 속으로 "꿈은 무슨. 남의 속도 모르면서…"라고 비웃으며 말입니다. 친구들에게 너무나 당연했던 대학이 제게는 그야말로 '그림의 떡'이었습니다. 하지만, 기적이 일어났습니다. 진학의 길이 열린 것입니다. 상상도 못했던 일들이 벌어지면서 대학에도 갈 수 있었습니다. 가정형편은 어려웠지만, 장학금과 아르바이트 덕분에 계속 공부할 수 있었습니다.

오랫동안 저는 그 모든 것이 단지 우연이거나, 제가 공부를 잘했기 때문이라고 생각하며 살았습니다. 물론, 그런 기적 같은 일들이 벌어졌을 때, 잠시 하나님께 감사하기도 했지요. 하지만, 신앙적 갈등에 빠진 이후로는 그런 생각이 말끔히 사라졌습니다. 그런데 그 날, 슬퍼하는 남자의 음성이 그 시절을 다시 떠올리게 한 것입니다. 마침내 저는 모든 일이 주님 때문에 가능했다는 사실을 깨달았습니다. 단순한 행운이나 저의 개인적 능력 때문이 아니라, 주님이 제게 베푸셨던 사랑의 기적이었음을 처음으로 인정했습니다. 시몬처럼, 제가 주님의 존재를 부정하고 그분과의 관계마저 거부했을 때, 주님은 저를 잊지 않으셨고 포기하지도 않으셨습니다. 잃어버린 양처럼, 잃어버린 동전처럼, 그리고 잃어버린 아들처럼 방황하던 저를, 그날 밤 주님이 찾아내셨습니다. 제가 주님을 발견한 것이 아니라, 주님이 저를 발견하신 겁니다. 그날 밤, 저는 다시 태어났습니다.

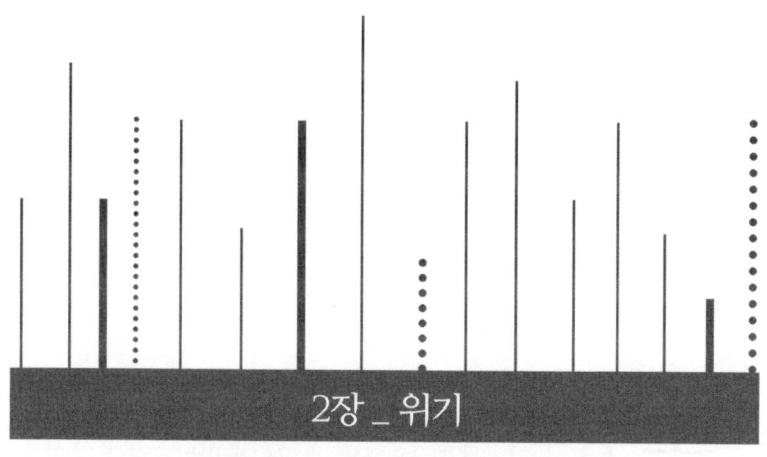

## 2장 _ 위기

말씀을 마치시고 시몬에게 이르시되
깊은 데로 가서 그물을 내려 고기를 잡으라.
시몬이 대답하여 이르되 선생님 우리가 밤이 새도록
수고하였으되 잡은 것이 없지마는 말씀에 의지하여
내가 그물을 내리리이다 하고, 그렇게 하니 고기를 잡은 것이
심히 많아 그물이 찢어지는지라.
이에 다른 배에 있는 동무들에게 손짓하여
와서 도와 달라 하니 그들이 와서 두 배에 채우매
잠기게 되었더라. 눅5:4-7

## 소명의

첫 단추는 만남이었습니다. 갈릴리 해변에서 예수와 시몬은 그렇게 만났습니다. 축복입니다. 하지만, 주님과의 만남은 위기이기도 합니다. 하늘과 땅의 만남이 결코 평범할 수 없습니다. 예수의 주도적인 관심과 대화를 통해 시작된 두 사람의 만남은 곧 심각한 위기로 이어졌습니다. 시몬이 쉽게 용납할 수 없는 명령을 예수께서 내리셨기 때문입니다. 어부 시몬이 제자 베드로로 거듭나려면 통과해야 할 어려운 시험이 시작된 것입니다.

## 도전

*"깊은 곳으로 가서 그물을 내려 고기를 잡으라."*

예수께서 제자를 부르시는 과정은 자판기에 동전을 넣고 단추를 누르는 것과 다릅니다. 사람과 사람 사이에서 벌어지기 때문에, 예기치 못한 상황에서 준비되지 못한 사람을 대상으로 일어나기 때문에, 갈등과 위기가 필연적으로 수반됩니다. 예수의 제자 중 '모태 제자'는 없습니다. 부모들이 주님의 제자로 서원하고 바친 사람도 없었습니다. 예수의 제자가 되려고, 정해진 엘리트코스를 착실하게 밟은 사람도 없습니다. 혹은 교회의 공식적 추천을 받은 사람도 없습니다. 예수의 제자 중, 자신이 예수의 제자가 되리라 생각했던 사람, 그렇게 되고 싶었던 사람, 그렇게 되려고 치밀하게 스펙을 쌓아온 사람은 없습니다. 그들의 처지에서 보면, 모두가 뜻밖에 황당하게 그리고 '우연히' 예수를 만났을 뿐입니다. "나를 따르라"라는 주님의 초청 앞에서, 그리고 그 초청을 수락하고 따라나서기까지, 예수와 그들 사이에는 마치 철과 철이 불꽃을 튀기며 경합하듯 팽팽한 긴장과 갈등이 발생했습니다. 그 절체절명의 위기가 극적으로 지나간 후에야, 비로소 그들은 주님의 부름에 응답하고 기꺼이 따를 수 있었습니다.

예수께서 제자를 부르시는 과정에서 발생하는 위기는 시몬의 경우가 대표적입니다. 사실, 예수께서 시몬을 발견하고 그의 배에 오르시는 과정에서, 그리고 배에 앉아 사람들에게 말씀을 전하시는 동안, 예수와 시몬 사이에는 아무런 위기나 갈등이 존재하지 않았습니다. 말씀을 전하는 랍비와 배를 다루는 어부로서, 두 사람은 각자의 자리에서 각자의 역할에 충실했을 뿐입니다. 그런데 예수께서 의도적으로 그리고 대단히 도발적으로 그렇게 고요하고 안정된 관계에 격한 파문을 일으키셨습니다. 예수께서 각자에게 할당된 자리와 역할을 거부하고, 양자 간에 설정된 경계선을 일방적으로 돌파하여 시몬의 진영으로 침입하셨기 때문입니다. 순식간에 안정과 평화가 무너지고, 극심한 긴장이 발생했습니다. "시몬에게 이르시되 깊은 곳으로 가서 그물을 내려 고기를 잡으라." 이 한 마디 때문에 말입니다. 정말, '도발적 도전'이었습니다. 그렇다면, 왜 이 한 마디가 그토록 심각한 도전이 되었을까요? 고요한 평화를 깨뜨리고 삶의 지축을 뒤흔들 정도로 말입니다.

먼저, 예수는 양자 사이의 넘지 말아야 할 경계선을 일방적으로 무시했습니다. 시몬은 뱃사람이었습니다. 그는 어부의 자식으로 태어나서 일생 물과 함께 살았습니다. 적어도 바다와 고기잡이에 관해선 누구 못지않은 식견과 안목을 지녔습니다. 반면, 예수는 목수 출신의 랍비였습니다. 목재와 목공에 관한 것이었다면, 예수의 발언은 문제가 되지 않았겠지요. 또한, 복음이 대화의 핵심이었다면, 종전처럼 시몬도 예수의 권위를 기꺼이 인정했을 것입니다. 그런데 지금 예수는 시몬에게 "배를 움직여라. 깊은 곳으로 이동하라. 그물을 내려라. 고기를 잡으라"라고 명령합니다. 이것은 상식을 벗어난 행동입니다. 시몬의 경우, 지금까지 살면서 한 번도 경험한 적이 없는 황당한 상황입니다. "지금 누가 누구에게 무슨 말을 하고 있는가?" 그야말로, 공자 앞에서 문자 쓰는 상황이 벌어진 것입니다. 시몬에게는 심각한, 아니 매우 자존심이 상하는 도전이었습니다.

둘째, 예수는 시몬에게 '명령'을 내렸습니다. 예수와 시몬은 오늘 그곳에서 처음 만났습니다. 서로 모르는 사이였다는 말입니다. 비록, 어부와 랍비의 신분이었지만, 예수께서 시몬에게 이래라저래라 할 수 있는 관계는 아니었습니다. 더욱이 배의 주인은 예수가 아니라 시몬입니다. 그런데 예수는 시몬에게 배를 이동해 달라고 부탁하지 않았습니다. 이동 가능한지 묻지도 않았습니다. 직설적으로, 예수는 시몬에게 배를 옮기라고 '명령' 했습니다. 평소에, 어린아이도 함부로 대하지 않는 분이신데, 그날따라 왜 그렇게 행동하셨는지 모르겠습니다. 아무튼, 그런 무례한 언행이 시몬에겐 심각한 도전으로 받아들여졌음이 틀림없습니다. "비록 내가 천한 어부지만, 초면에 이처럼 무례히 대하다니!" 그의 주먹이 부르르 떨었을 것입니다. 불쾌한 도전입니다.

또한, 예수는 시몬의 치부를 건드렸습니다. 사실, 시몬은 지난밤에 밤이 새도록 그물을 던졌습니다. 평생 갈고 닦은 실력과 일생 터득한 정보를 토대로, 그는 정확하게 물길과 물때를 파악하고서 능숙하게 그물을 던졌습니다. 하지만, 모든 경험과 기술에도 불구하고, 그는 빈 배로 돌아왔습니다. 어떻게 된 일인지, 밤새도록 그물을 던졌지만 한 마리도 잡지 못한 것입니다. 실패와 헛수고로 그의 마음이 크게 상했습니다. 그런데 예수께서 그 실패의 현장으로 그를 다시 끌고 가려 했습니다. 피하고 부정하고 잊고 싶은 고통스러운 현실을 다시 마주하도록 그의 등을 떠민 것입니다. 심각한 도전이 아닐 수 없습니다.

이 상황에서, 주님은 시몬을 바다로 끌고 갑니다. 그의 삶의 중심 공간이자 생명의 원천인 바다. 동시에, 지난밤 자신에게 지독한 패배와 상처를 안겨주었던 고통과 절망의 바다. 그렇게 바다는 시몬에게 존재의 역설이었습니다. 예수는 "깊은 곳으로 가서 그물을 내려 고기를 잡으라"라는 말씀으로, 시몬이 자신의 현실을 진지하게 들여다볼 기회를 제공했습니다. 그의 삶을 지배하고 있지만, 정직하고 용감하게 대면하길 꺼렸던 현실과 정면으로 대면하게 한 것입니다. 물론, 예수의 신분은 그의 자존심을 건드렸고, 그의 발언은 기분을 상하게 했으며, 그가 지적한 장소는 고통스러운 기억을 떠올리게 했습니다. 하지만, 예수의 도전적 발언 때문에, 시몬 자신의 실체를 비겁하게 외면하지 않고, 두렵지만 정직하게 대면할 수 있었습니다. 그 결과, 그의 삶이 극적으로 변하기 시작했습니다.

하지만, 이렇게 위기를 촉발하는 도전은 예수께서 처음부터 의도하신 것이며, 시몬을 당신의 제자로 부르기 위해 피할 수 없던 과정이었습니다. 예수는 제자를 부르실 때, 다윗이 골리앗의 이마를 향해 물맷돌을 던지듯 중심을 향해 '돌직구'를 던집니다. 강력한 자아로 무장한 죄인의 아킬레스건을 성령의 검으로 정확하고 강력하게 찌릅니다. 저명한 학자이자 정치인이었던 니고데모가 예수를 찾아왔습니다. 그가 '한밤중에' 주님을 찾아온 것은 가슴 속에 있는 진리에 대한 갈증과 세상에 대한 두려움 때문이었습니다. 그는 예수의 지혜를 구하고 싶었지만, 동시에 예수의 실력도 확인하고 싶었습니다. 그는 예수를 통해 변화되고 싶었지만, 동시에 자신의 실력과 재능도 과시하고 싶었습니다. 그는 구원을 갈망했지만, 여전히 세상을 버리지 못했습니다. 그런 니고데모를 향해, 예수께서 촌철살인의 비수를 꽂으십니다. "진실로 진실로 네게 이르노니 사람이 거듭나지 아니하면 하나님의 나라를 볼 수 없느니라."요3:3 그 말에 당황한 니고데모는 횡설수설하기 시작했고, 자신의 천박한 신학과 영적 무지를 적나라하게 드러냈습니다. 부자 관원이 예수를 찾아왔습니다. 율법의 정수精髓를 알려달라며 예수 앞에 무릎을 꿇었습니다. 그는 자신만만했습니다. 신학적으로 진지했고, 윤리적으로도 깨끗했습니다. 어릴 적부터 율법을 공부하고 실천했다는 그의 자신만만한 선언에서, 그의 진지함과 성실함을 감지할 수 있습니다. 하지만, 그에게 예수는 이렇게 도전하셨습니다. "가서 네게 있는 것을 다 팔아 가난한 자들에게 주라."막10:21 재산이 많았던 청년은 순간적으로 몸이 굳었습니다. 마지막까지 감추고 싶었던 자신의 아킬레스건을 주님께서 정확히 찌르셨기 때문입니다.

사마리아에서 부정한 여인을 만났을 때는 어떠했습니까? 그 여인과 예배장소에 대한 신학적 논쟁을 벌이던 예수께서 갑자기 화제를 바꾸면서 그녀의 핵심문제를 건드렸습니다. "가서 네 남편을 불러오라."요4:16 그녀가 마지막까지 감추고 싶었던 진실, 끝까지 피하고 싶었던 문제 앞에 그녀가 벌거벗은 모습으로 서게 한 것입니다. 흥분한 무리가 현장에서 잡힌 부정한 여인을 예수 앞으로 끌고 왔습니다. 그들은 모세의 율법을 들먹이며 예수께 수수께끼 같은 질문을 던졌습니다. 율법에 따라 죽여야 할지, 아니면 예수의 가르침대로 용서할지 말입니다. 그때, 예수는 그들의 생각을 간파하고 이렇게 도전하셨습니다. "너희 중에 죄 없는 자가 먼저 돌로 치라."요8:7 간음한 여인을 희생양으로 만들면서 자신들의 죄를 망각하거나 교묘하게 은폐하려 했던 사람들의 실체가 예수의 이 한마디로 백일하에 드러난 것입니다. 하지만, 이것은 죽이려는 위협이 아니라, 살리기 위한 도전입니다.

저는 고등학생 시절 선생님들을 존경하지 못했습니다. 우리는 선생님들의 이름 대신 뒤에서 별명을 불렀습니다. 앞에서는 그분들 손에 들린 몽둥이에 기가 죽었지만, 뒤에서는 함부로 이름을 부르거나 별명을 부르며 그분들을 조롱했습니다. 특히 여 선생님들은 우리들의 밥이었습니다. 농담 따먹기를 하며 교권을 부정했습니다. 또한, 학교당국의 눈치만 보는 선생님들의 비겁을 비웃었습니다. 학생들의 인격에는 관심이 없고, 성적에 따라 차별하는 선생님들을 경멸했습니다. 선생으로서의 도덕적 영향 대신 유능한 지식전달자로 만족하는 그분들의 태도도 못마땅했습니다. 도무지 닮고 싶은 사람이 없었습니다. 그래서 저는 절대로 선생이 되지 않겠다고 다짐했습니다. 물론, 그중에는 개인적으로 친했던 분들도 계시고, 뛰어난 지성으로 우리를 감탄케 했던 분들도 계시며, 성실하게 자신의 역할을 했던 모범적인 분들도 계셨습니다. 그러나 인생의 롤 모델로 평생 흠모하고 싶은 분은 끝내 만나지 못했습니다.

청년 시절에 주일학교 성가대를 지휘한 적이 있었습니다. 어느 날 주일학교 예배실에서 주일학교 교사들을 위한 잡지를 읽었습니다. 아무 생각 없이 페이지를 넘기던 저는 충격적인 그림을 보았습니다. 그림 속에서 아이들이 선생님과 함께 기차놀이를 하고 있었습니다. 신바람 난 아이들이 춤을 추며 선생님 뒤를 따릅니다. 마냥 행복한 아이들의 표정에 저도 모르게 미소를 지었습니다. 그런데 맨 앞자리에서 아이들을 이끌던 선생님이 시각장애인이었고, 선생님 바로 앞은 절벽이었습니다. 아이들은 선생님을 의지하며 뒤를 따르는데, 정작 인솔하는 교사는 자기도 모르게 아이들을 사지死地로 몰고 있던 것입니다. 저는 그 그림에 큰 충격을 받았습니다. 지금도 그 장면을 떠올리면 식은땀이 흐릅니다.

고등학교 시절의 그런 다짐과 달리, 저도 어쩌다 선생이 되고 말았습니다. 그것도 단지 지식을 전달하는 교사가 아니라, 성도들의 영혼을 치유하고 삶을 인도해야 하는 목사가 된 것입니다. 사이비 교사의 위험을 지적했던 그림에 충격을 받았고, 본받을 만한 스승을 만나지 못해 서글펐던 제가 선생으로서 현재 어떤 모습일까요? 제대로 된 선생일까요? 저를 목회자로 신뢰하며 오늘도 저를 바라보는 성도들께 저는 정말 영혼이 순결하고 삶으로 도를 가르치며 진리 앞에 용감한 성직자요 선생으로 살고 있을까요? 정말 성도들에게 닮고 싶은 스승으로 따르고 싶은 지도자로 앞서가고 있을까요? "깊은 곳으로 가서 그물을 내려 고기를 잡으라"라고 주께서 시몬에게 도전하셨던 것처럼, 저에게는 그 그림이 지금도 주님의 도전하는 음성으로 들립니다. "너는 제대로 된 선생이냐?"라고 말입니다.

역대하 12장 1절에 이런 말씀이 있습니다. "여로보암의 나라가 견고하고 세력이 강해지매 그가 여호와의 율법을 버리니 온 이스라엘이 본받은지라." 혹여나 저의 부덕함이 성도들에게 악영향을 끼쳐 진리의 길에서 이탈하게 하지 않을까 두렵습니다. 할 수 있으면 선생이 되지 말라고 경고했던 바울 사도의 교훈이 무서운 죽비가 되어 저의 머리를 내려칩니다. 두렵습니다. 하지만, 그 죽비가 오늘도 저를 깨웁니다.

## 갈등

"선생님 우리가 밤이 새도록 수고하였으되 잡은 것이 없지만"

"선생님, 우리가 밤이 새도록 수고하였으되 잡은 것이 없습니다" 라는 시몬의 대답에서, 우리는 미묘하지만 명백한 그의 불만을 읽을 수 있습니다. "그물질로 잔뼈가 굵은 우립니다. 그런 우리가 밤새도록 몸부림을 쳤지만 허탕인데, 나무나 만지던 당신이 뭘 안다고 함부로 입을 놀립니까?"란 시몬의 뒤틀린 감정이 행간에 묻어나지 않습니까? 바로 이 대목에서 우리는 주님의 부름이 갈등을 가져온다는 사실을 확인합니다. 동시에, 소명의 과정에서 이런 갈등은 피할 수 없고, 심지어 대단히 중요하다는 점도 명백해집니다. 소명은 '주님의 부름'에서 시작하여 '주님을 따름'으로 완성됩니다. 이 과정에서 주님을 따르려면 내 것을 버려야 하는 위기의 순간이 찾아옵니다. 그동안 나의 존재를 지탱해주던 것, 내 삶에 의미와 가치를 부여하던 것을 포기하고, 단호히 주님을 택해야 합니다. 하지만, 어떻게 이 과정이 쉽겠습니까? 주께서 사람들의 치부를 노골적으로 드러내며 저돌적으로 도전할 때, 그들은 당혹스러움과 불쾌함을 동시에 경험합니다. 완전한 무방비 상태에서 전혀 예상치 못한 질문이 날아오기 때문에, 순간적으로 크게 당황합니다. 한편, 그가 건드리지 말아야 할 문제를 건드리고 넘지 말아야 선을 넘기 때문에, 몹시 마음이 상합니다. 순식간에 마음은 혼란스럽고 감정은 복잡해지며 정신마저 혼미해집니다. 그야말로 내적 갈등의 시작입니다.

"깊은 곳으로 가서 그물을 내려 고기를 잡으라"라는 주님의 명령과 "우리가 밤이 새도록 수고하였으되 잡은 것이 없습니다"란 시몬의 대답 사이에서, 우리는 팽팽한 긴장의 끈을 감지할 수 있습니다. 예수의 갑작스럽고 단호한 명령에 시몬이 순간적으로 멍해졌습니다. "이건 뭐지?" 잠시 멍했던 시몬이 대답을 찾으려고 머리를 굴립니다. "목수 출신 전도자가 평생 물가에서 그물을 던져온 내게 고기잡이에 대해 훈수를 두는 이 상황을 어떻게 이해하고 반응해야 한단 말인가?" 아무것도 모르는 랍비가 배를 움직여 자기가 지목한 자리에서 그물을 던지라고 '명령'하니, 그가 선뜻 순응할 수 없었던 것입니다. 그렇다고 무조건 거절할 수도 없습니다. 어젯밤에 공쳤기 때문에 한 푼이라도 벌어야 했고, 또 젊은이의 말에 거부할 수 없는 위엄도 있었기 때문입니다. "선생님 우리가 밤이 새도록 수고하였으되 잡은 것이 없지마는"이란 대답 속에, 시몬의 복잡한 심정이 고스란히 묻어납니다.

고향에서 안락하고 평범하게 살던 아브람에게 어느 날 하나님이 찾아오셨습니다. 하나님이 이미 노인인 아브람에게 "고향과 친척과 아비의 집"을 떠나라고 명령하셨을 때, 그에게 갈등이 없었을까요? 백세에 낳은 아들을 산에서 제물로 바치라고 명령하셨을 때, 아브람이 아무 생각 없이 순종했을까요? 영화 「십계」 중, 이 장면에서 아브람이 하늘을 향해 분노를 터뜨리며 절규하는 모습이 나옵니다. 당연하지요. 그렇지 않았다면, 그는 인간도 아닙니다. 늙은 모세에게 하나님이 나타나셨습니다. 그리고 애굽에서 이스라엘 민족을 데려오라 명령하셨습니다. 이 명령 앞에서 모세는 온갖 현실적인 이유를 열거하며 하나님의 명령을 거부했습니다. 분통이 터진 하나님이 그에게 호통을 치실 때까지 말이지요. 광야의 목동인 80세 노인에게 민족 해방의 대업을 맡기시니, 쉽게 순종할 수 없었던 것이지요. 지극히 당연한 반응입니다. 전투적 민족주의자 사울이 이방의 사도 바울이 되려면, "모든 것을 잃어버리고 배설물"로 여겨야 했습니다. 평생 추구해온 학문과 명성을 포기하고 예수를 선택하는 과정에서 사울 안에 갈등이 없었을까요? 그 결정이 그에게 쉬웠을까요? 절대 그렇지 않았을 것입니다. 예수의 경우도 마찬가지입니다. 십자가 처형을 목전에 두고, 예수께서 겟세마네 동산에서 하나님과 대면하셨습니다. 하나님은 "십자가를 지라" 명하셨고, 예수는 그 잔을 피하게 해달라며 간청했습니다. 하나님과 예수 사이에 팽팽한 줄다리기가 이어졌습니다. 예수께서 세 번 씩이나 같은 기도를 반복했고, 기도 중에 땀방울이 핏방울이 되었으며, 피곤하여 졸고 있던 제자들에게 짜증을 내셨다는 기록에서 예수의 극심한 내적 갈등을 확인할 수 있습니다.

한 집회에서, 배우이신 임동진 목사님의 설교를 들은 적이 있습니다. 말씀 중에, 임 목사님은 한 권사님의 기도에 대해 들려주셨습니다. 어느 날, 예배당에서 들려오는 처절한 기도소리를 목사님이 우연히 들으셨습니다. 한 권사님이 눈물을 흘리며 간절히 기도하고 계셨던 것입니다. 그런데 그 기도 내용이 정말 기가 막힙니다. "주님, 어떻게 저에게 이러실 수 있으세요? 의대 졸업반인 큰아들이 선교사가 되겠답니다. 주님, 이것은 아니지요. 제가 그 아이에게 쏟은 돈과 정성이 얼만데… 그 아이는 절대로 안 됩니다. 그렇다면, 둘째 아이를 … 아니, 둘째도 안 됩니다. 그 아이는 지금 사법고시 준비 중이에요. 그래서 그 아이도 안 됩니다. 정 우리 아이 중 하나를 원하시면, 지금 대학에 떨어져서 재수 중인 막내 녀석을 데려가세요." Oh, my God! 권사님이 그어 놓은 선을 주님께서 함부로 넘으신 것입니다. 그래서 권사님의 충격과 반발이 대단했던 것입니다. 쉽게 물러설 기세가 아니었답니다.

하나님의 부름에 응답하는 결정은 절대 쉽지 않습니다. 상점에서 손에 들었던 물건을 내려놓고 다른 것을 집어 드는 정도의 일이 아닙니다. 이것은 기존의 삶의 방식을 포기하는 것이며, 자기존재를 근본적으로 부정하는 것입니다. 옛것을 포기하고 새것을 선택하는 일이며, 완전히 다른 존재로 거듭나는 일입니다. 생사의 문제, 절체절명의 위기입니다. 그러니, 어떻게 쉽겠습니까? 따라서 이 상황에서 시몬의 가장 자연스런 반응은 예수의 명령을 무시하는 것이었습니다. 그에게 기대할 수 있는 당연한 반응은 뱃사람다운 걸쭉한 입담으로 '쌍욕'을 퍼부으며, 예수를 배에서 거칠게 쫓아내는 것이었습니다. "감히 누구 앞에서 헛소리냐! 건방진 놈. 까불지 말고 당장 배에서 꺼져라. 한마디만 더 하면 가만두지 않겠다." 그것이 진짜 뱃사람 시몬에게 기대할 만한 자연스럽고 상식적인 모습이었습니다. 설령, 시몬이 그렇게 반응했다고 해도, 누구 하나 그를 비난하지 않았을 것입니다. 그것이 자연스럽고 당연한 반응이었으니까요.

이처럼, 주께서 우리를 부르실 때, 이것은 축복이자 위기입니다. 나를 포기하고 주님을 선택해야 하기 때문입니다. 나는 잘 알지만, 주님은 잘 모르기 때문이며, 내 과거엔 익숙하지만 내 미래는 불확실하기 때문입니다. 그런 위기 순간에 자기를 부인하고 주님을 택한 사람들이 제자가 되어 역사를 바꾸었습니다. 동시에, 수많은 사람이 이 위기에서 실패하고 역사의 뒤안길로 사라졌습니다. 오늘도 주께서 우리를 찾아오십니다. 우리를 이끌고 바다로 나가 깊은데 그물을 던지라고 명하십니다. 우리의 기대와 상식을 위협하면서 말입니다. "언제나 나를 중심으로 운행되는 우주의 궤도를 계속 고집할 것인가? 아니면, 주님을 중심으로 우주의 판을 새로 짤 것인가?" 정녕, 코페르니쿠스적 삶의 전환이 일어나는 위기의 순간입니다. 순간의 선택이 우리의 운명을 결정하기 때문입니다.

저의 장인어른께서 뇌수술을 받으셨습니다. 무척 건강했던 분이셨는데 몇 년 전 뇌 속에 작은 종양이 발견되었습니다. 매우 어려운 자리에 종양이 있어 함부로 수술도 할 수 없었습니다. 뇌 속에 보조장치를 설치하고 약물치료를 병행할 수밖에 없었습니다. 하지만, 최근에 상태가 악화하여 마침내 위험을 감수하고 수술을 받으셨습니다. 생각보다 회복 속도가 늦어 가족들의 속이 말이 아닙니다. 현대 의학의 경이로운 발전과 능력에 감탄사가 절로 나오지만, 고생하시는 장인어른 앞에서 의사들의 모습은 무척 초라해 보입니다. 그들 나름대로 온 힘을 다하고 있지만, 환자의 상태에 난감해하는 모습이 역력합니다. 의사들이 자신감을 잃을 때, 가족들은 겁이 납니다. 그들의 모호하고 자신 없는 말에 가족들의 가슴은 철렁합니다. 그런 상황을 지켜보는 저도 황망할 따름입니다. 전능하신 하나님, 만병을 치유하시는 하나님을 믿고 설교하는 목사지만, 순간적으로 엄습하는 불신과 두려움에 저의 몸도 떨립니다.

평탄한 일상에서 하나님의 전능과 기적을 선포하는 일은 어려운 일이 아닙니다. 하지만, 일상이 무너지는 순간이 있습니다. 질병과 사고로 몸이 허물어지고 이혼과 죽음으로 가정이 깨어지며, 파산과 해고로 경제적 기반이 무너지는 순간이 있습니다. 그때 머리와 입술 속에 갇혀 있던 하나님이 갑자기 절박하게 요청됩니다. 타인의 설교와 신학 속에 머물던 추상적 하나님을 삶의 한복판에서 우리를 구원하시는 살아계신 하나님으로 체험하길 소망하게 됩니다. 하지만, 이 순간에 우리의 이성이 우리의 마음을 통제합니다. 우리의 경험이, 주변 사람들의 시선이 우리의 믿음을 흔듭니다. 신앙은 매 순간 도전, 갈등, 위기를 동반합니다. 분명한 현실과 모호한 약속 사이에서, 보이는 문제와 보이지 않는 하나님 사이에서, 거대한 난관과 초라한 믿음 사이에서, 어린아이 같은 믿음과 순종을 요구받기 때문입니다. 하지만, 바로 이 위험한 순간에 우리 신앙의 성패가 결정됩니다. 이 갈등과 위기를 돌파해야 합니다.

# 돌파

"말씀에 의지하여 내가 그물을 내리리다 하고 그렇게 하니"

배를 움직여 깊은 곳에 그물을 던지라는 예수의 명령은 당시의 맥락에서 매우 당혹스런 도전이었습니다. 그 명령이 심각한 갈등을 가져왔습니다. 심지어 매우 위험한 상황마저 가져올 수 있었습니다. 시몬 안에서 짧지만 심각한 갈등이 있었음이 틀림없습니다. 하지만, 그 명령에 대한 시몬의 반응은 일반적 예상과 크게 달랐습니다. 그가 보여준 행동은 모든 사람의 예상을 완전히 뒤집는 것이었습니다. 그야말로, "충격적 반전"이었습니다. 당시 상황을 누가는 이렇게 기록하고 있습니다. "말씀에 의지하여 내가 그물을 내리리다 하고 그렇게 하니." 개역개정은 "말씀에 의지하여"라고 번역했지만, NIV는 "because you say so"라고, 즉 "당신이 그렇게 말씀하시기 때문에"라고 번역했습니다. 놀라운 것은 전문가 시몬이 비전문가 예수의 말을 따랐다는 것입니다. 분명히, 이 상황에 대한 시몬의 고유한 판단과 입장이 있었겠지만, 자신의 주장을 고집하지 않고 예수의 명령에 순종한 것입니다. NIV의 번역대로라면, 시몬이 예수의 명령을 따르기로 한 이유가 단지 예수께서 그렇게 말씀하셨기 때문인데, 문제는 단순하지 않습니다. 아무리 예수께서 명령하셨다 해도, 시몬이 아무 생각

없이 기계처럼 반응할 수는 없는 노릇이기 때문입니다. 하지만, 성서는 이 대목에서 말을 아낍니다. 왜 시몬이 자신의 경험과 지식을 포기하고, 자기 안에서 반사적으로 솟구치는 저항과 갈등을 극복하며, 그분의 말씀에 순종하기로 결심했는지를, 성서는 침묵합니다. 그래서 왜 시몬이 자신의 생각을 포기하고 예수의 말씀을 받아들였는지, 우리는 모릅니다.

다만, 이 부분에서 저는 "은총"과 "순종"의 문제를 생각해 보고 싶습니다. 상식적 차원에서, 시몬이 예수의 말에 따라 그물을 던진 것은 이해할 수 없는 행동이었습니다. 개인적 차원에서, 시몬 자신도 그럴 의도가 전혀 없었습니다. 아니, 그의 정신이 온전했다면, 그에게 최소한의 인간적 자존심이 남아 있었다면, 그는 결코 그렇게 행동해선 안 되었습니다. 그런데 그런 상식과 예상을 깨고, 시몬은 예수의 명령을 수용했습니다. 이해할 수도, 있을 수도 없는 일이 벌어졌습니다. 그래서 이런 상황에 대한 상식적·논리적 설명은 불가능합니다. "왜?" 그리고 "어떻게?"라는 질문에 대해, 결국 우리는 "시몬에게 하나님의 은총이 임했다"라고 말할 수밖에 없습니다. 다른 예들을 생각해 봅시다. 부자 관원은 예수를 따르고 싶었습니다. 그래서 예수를 자기 발로 찾아왔습니다. 하지만, 그는 재물과 제자 사이에서 갈등했고, 최종적으로 상식적·이성적 판단에 따라 제자 대신 재물을 선택했습니다. 주님의 제자가 되길 간절히 원했지만, 뜻을 이룰 수 없었습니다. 반면, 막달라 마리아는 예수를 만난 직후, 자신의 생명 같은 옥합을 깨뜨려 주님 발에 아낌없이 부었습니다. 통상적으로, 부정한 직업을 가졌다고 알려진 그녀가 어떻게 옥합에 기름을 채웠는지 우리는 미루어 짐작할 수 있습니다. 그녀라고 향유의 가치를 모를 리 없습니다. 그녀에게 판단력이 부재했던 것도 아닙니다. 하지만, 사람들의 비난에도 불구하고, 그녀는 귀한 향유로 주님의 발을 닦았습니다. 우리는 이 두 사람의 차이를 어떻게 이해해야 할까요? 왜, 무엇이 그런 차이를 낳았을까요? 하나님의 "은혜" 외에 설명할 도리가 없습니다. 개인의 탁월한 선택에 의한 성취가 아니라, 값없이 주신 하나님의 선물입니다. 우리의 구원이 은혜의 선물이듯, '제자 됨' 또한 그렇습니다. 그래서 제자 됨은 자랑거리가 아닙니다. 겸손한 감사의 고백이 있을 뿐입니다.

더 놀라운 것은 시몬이 예수의 황당한 요구에 "순종"했다는 사실입니다. 은총이 이 상황을 하나님의 관점에서 설명하는 것이라면, 순종은 이 문제를 시몬의 입장에서 설명해 줍니다. 분명히, 시몬은 예수의 명령을 이해할 수 없었습니다. 자신의 경험과 지식에 근거할 때, 그의 명령은 이해할 수 없었기 때문입니다. 이미 지난밤에 쓰라린 실패를 경험했고, 그 아픈 기억과 불쾌한 감정이 고스란히 남아 있는 상태에서, 그는 예수의 요구에 순순히 따를 수 없었습니다. 그럼에도, 시몬은 예수의 부당한 명령에 순종했습니다. 예수의 명령이 합리적이며 타당하다고 판단했기 때문에, 시몬이 아무런 갈등 없이 그렇게 한 것이 아닙니다. 도무지 그럴 수가 없고 그래서도 안 되는 상황이었지만, '그럼에도 불구하고' 예수의 말씀에 '순종'한 것입니다. 아들을 바치라는 하나님의 명령이 마땅했기 때문에, 아브라함이 기쁨으로 아들을 바친 것이 아닙니다. 말도 안 되는 소리였지만, '그럼에도' 그는 순종했습니다. 자기 안에 원망과 의심이 끊임없이 고개를 쳐들었지만, 광신과 맹신이란 주변의 비난을 피할 수 없었지만, 그럼에도 그는 하나님께 순종했습니다. 자식에게 십자가를 지라는 부모는 없습니다. 치매에 걸리지 않고서야, 어떤 부모가 자식을 사지로 떠밀겠습니까? 당연히, 인간 예수도 그런 하나님의 명령을 쉽게 용납할 수 없었기에, 가능하면 피하고 싶었을 것입니다. 그럼에도, 예수는 극심한 내적 갈등을 겪고 나서 아버지 뜻에 순종했습니다. 결국, 아브라함이 순종했을 때, 하나님께서 그를 믿음의 조상으로 인정하셨습니다. 예수께서 그렇게 순종했을 때, "모든 무릎을 그 발 앞에 꿇게 하셨습니다."빌2:10 그리고 시몬이 순종했을 때, 그는 이 절체절명의 위기를 돌파하고 예수께서 준비한 기적을 체험할 수 있었습니다. 그 순종을 통해, 시몬은 자신을 부르시는 주님께 한발 더 가까이 다가갈 수 있었습니다.

우리가 주님의 부름에 응답하는 과정도 시몬의 경우와 다르지 않습니다. 그동안 내게 익숙했던 것, 내가 잘했던 것, 나를 돋보이게 했던 것, 그래서 나의 정체성을 규정했던 것을 포기하는 것은 그야말로 미친 짓입니다. 구구단도 모르면서 방정식을 풀겠다고 설치는 것과 같고, 수영도 못하면서 바다로 뛰어드는 것과 다르지 않기 때문입니다. 무모하고 미친 행동입니다. 아무도 그런 행동을 영웅적이라고 칭찬하지 않습니다. 정상인이라면, 결코 그렇게 살지 않습니다. 또한, 안전하고 확실한 것을 포기하고 불확실하며 위험한 길을 선택하는 것도 우리에겐 어려운 일입니다. 굴러온 행복을 스스로 걷어차고 지옥의 불 속으로 뛰어드는 무모함의 극치로 보이기 때문입니다. 모두가 인정하고 선호하는 길, 크고 넓고 안전한 길 대신, 모두가 거부하고 걱정하는 길, 작고 좁고 위험한 길을 선택하는 것은 안전장치를 벗어버리고 번지점프를 하는 것만큼 무모한 일입니다. 그뿐만 아니라, 이 땅에서 존중하는 이성과 논리를 무시한 채, 예수의 말씀에 순종하는 것도 지극히 위험한 모험입니다. 모두가 지혜와 지식을 추구하는 시대에, 스스로 바보처럼 살겠다고 선언하는 것과 같기 때문입니다. 이성적 사고능력이 없는 사람을 우리는 '바보'라고 부릅니다. 합리적 판단능력이 없는 사람을 우리는 '천치'라고 조롱합니다. 그런 능력이 없다면, 이렇게 치열한 생존경쟁 속에서 결코 살아남을 수 없습니다. 이성 대신 감정을, 논리 대신 믿음을, 판단력 대신 상상력을 논할 때, 우리는 철저히 사회부적응자로 낙인찍혀 '왕따' 당할 수밖에 없습니다. 그런 행동은 지적 자살로 비칠 뿐입니다.

이런 점에서 시몬의 결정은 가히 충격적입니다. 수많은 사람이 끝내 극복하지 못했던 이성과 논리의 벽을 은총과 순종으로 마침내 돌파했기 때문입니다. 합리적 사고방식을 가진 부자 청년이 뚫을 수 없었던 그 벽을, 이성적 판단으로 무장한 데마가 끝까지 따를 수 없었던 그 길을, 현실적 선택에 익숙했던 가룟 유다가 극복할 수 없었던 그 유혹을, 어리석고 거칠며 고집스러웠던 시몬이 정면으로 돌파했기 때문입니다. 그래서 천국은 아이들의 것인가 봅니다. 그래서 천국에는 고아와 과부들이 먼저 들어가고, 나중 된 자가 먼저 되는 가 봅니다. 그래서 육신의 정욕, 안목의 정욕, 이생의 자랑이 천국 가는 길에 방해되는 가 봅니다. 그렇기 때문일까요? 시몬의 선택이 더욱 기이하고 경이로워 보입니다. 은총과 순종은 철학과 종교를 가르는 결정적 언어이며, 이 땅에 하나님 나라를 세워가는 근원적 동력입니다. 은총과 순종 없이 믿음, 구원, 제자도, 그리고 하나님 나라는 불가능합니다.

## 기적

*"고기를 잡은 것이 심히 많아 그물이 찢어지는지라.
이에 다른 배에 있는 동무들에게 손짓하여 와서 도와 달라 하니
그들이 와서 두 배에 채우매 잠기게 되었더라."*

비록 짧은 순간이었지만 격렬한 내적 갈등을 겪고서, 마침내 시몬이 주님의 명령에 순종했습니다. 이제, 그의 힘겨운 선택이 얼마나 소중하고 결정적이었는지 가시적으로 드러나기 시작합니다. 이성과 경험의 논리를 극복하고 순종을 선택한 그에게 주님의 축복이 기적같이 임하기 시작한 것입니다. 이 기적은 몇 가지 영역가시적, 비가시적, 영적으로 구분하여 살펴볼 필요가 있습니다.

가시적 기적을 살펴봅시다. 먼저, 누구도 상상하지 못한 일이 벌어졌습니다. 지난밤에 밤을 꼬박 새우며 자신의 지식과 경험, 기술을 총동원해 그물을 던졌지만, 헛수고로 끝났던 바로 그 자리에서 그물이 찢어질 정도로 많은 양의 물고기가 잡힌 것입니다. 분명히, 어젯밤에 그토록 수고해도, 그토록 오랫동안 노력해도 완전히 허탕을 쳤는데, 하룻밤 사이에 이런 일이 벌어지다니요? 이것은 상식적으로 이해할 수 없고, 오랜 경험에 비추어도 설명할 길이 없습니다. 정말 기적이라는 표현 외에 달리 설명할 수 없습니다. 둘째, 물고기가 많이 잡혀도, 너무 많이 잡혔습니다. 그들이 고기잡이하는 지역은 대양

이 아닙니다. 그저 작은 호수에 불과합니다. 어장 자체가 한정되어 있어서 한꺼번에 많은 고기를 잡을 수 없습니다. 또한, 다른 사람들도 같은 곳에서 그물을 던지기 때문에, 혼자서 고기를 독차지할 수도 없습니다. 그런데 지금 시몬의 그물이 찢어질 정도로 많은 물고기가 잡혔습니다. 두 배에 나누어 실었는데, 배들이 가라앉을 정도였습니다. 정말 많이 잡힌 것입니다. 기적입니다. 셋째, 다른 사람들의 배는 허탕을 치고 있는데, 시몬의 배만 고기를 많이 잡았습니다. 그의 그물이 찢어질 듯하여, 옆에 있는 다른 배들에게 도움을 청했습니다. 시몬의 그물에 걸린 물고기를 두 배에 나누어 실었습니다. 이 말은 옆에 다른 배들이 있었지만, 그 배들은 비었다는 뜻입니다. 비슷한 곳에서 두 배가 동시에 그물을 내려 물고기를 잡으려 했는데, 시몬의 그물에만 물고기가 잡힌 것입니다. 어떻게 그럴 수 있을까요? 어떻게 같은 장소에서 동시에 내린 두 개의 그물 중, 한쪽 그물에만 찢어질 정도로 많이 잡힐 수 있을까요? 그들도 둘째가라면 서러워할 뱃사람들이었을 텐데요. 이것도 믿기지 않는 일입니다.

비가시적 영역의 기적도 있었습니다. 먼저, 주객이 전도되었습니다. 어떻게 전직 목수였던 랍비가 전업 어부보다 바다의 생태를 더 잘 알 수 있을까요? 어떻게 전문가인 자신의 예측은 완전히 벗어나고, 비전문가의 주장대로 이런 일이 벌어질 수 있을까요? 어떻게 일생 온몸으로 터득했던 자신의 지식이 이렇게 허망하게 휴짓조각이 될 수 있을까요? 이것은 세상과 삶을 바라보는 시몬의 근본적 신념과 관점을 뿌리채 뒤흔드는 엄청난 충격이었습니다. 그동안 어업은 어부의 전문영역이고, 성서는 랍비의 고유영역이라고 그는 생각했습니다. 그 경계는 범할 수 없는 엄격한 규범이라고 믿었습니다. 그런데 지금 그 경계가 자신의 눈앞에서 무참히 허물어진 것입니다. 정말, 있을 수 없는 일입니다. 둘째, 판단의 준거가 뒤집혔습니다. 지금 이 엄청난 기적은 시몬이 자신의 경험에 근거한 '합리적 판단'을 정지하고 예수의 '황당한 말씀'에 순종했을 때 벌어졌습니다. 자신이 몸소 체험했던 경험, 그 경험에 근거한 합리적 판단이 아니라, 상식과 이성으론 이해도 용납도 할 수 없는 주장에 '순종'했을 때, 이런 경이적 사건이 벌어진 것입니다. 이런 사실도 시몬에겐 엄청난 충격이었습니다. "합리적 존재인 인간이 이성을 의지하지 않는다면 무엇을 의지해야 한다는 말인가? 육체와 감각을 지닌 인간이 감각의 경험을 부정한다면 어떻게 온전한 삶을 살 수 있다는 말인가?" 그동안 시몬의 삶을 정상적으로 이끌어왔던 판단의 준거가 근본적으로 부정되는 순간입니다. 이성의 지배를 받아야 합리적 판단에 근거해야 삶을 제대로 살 줄 알았는데, 오히려 그것들을 부정하고 저항했더니 이런 기적이 벌어졌습니다. 철학적 인식론의 근본이 흔들리는 충격입니다. 또한, 예수에 대한 시몬의 인식이 근본적으로 바뀌었습니다. 무심코 그물을 정리하던 시몬은 예수께 아무런 관심이 없었습니다. 하지만, 어쩔 수 없는 상태에서, 그는 예수 곁에 앉아 그의 말씀을 들을 수밖에 없었습니다. 예수께서 모든 말씀을 마치셨을 때, 시몬은 예수를 "선생님"이라고 불렀습니다. 얼마 전까지 자신과 상관없던 예수께서 이제는 그에게 선생님이 된 것입니다. 그런데 그물이 찢어질 정도로 엄청난 양의 물고기를 잡고 나서, 시몬은 예수를 "주님"이라고 부릅니다. 상관없는 '남'에서 말씀을 가르치는 '선생님'으로, 그리고 이제는 기적을 일으키는 '주님'으로, 예수에 대한 시몬의 인식이 연속적으로 바뀐 것입니다. 예수 곁에서 그분의 모습을 목격하고 나서, 시몬이 자발적으로 도달한 결론이요 인식이요 고백이었습니다. 이것은 인간이 이 땅에서 경험할 수 있는 최고의 기적입니다. 하나님이 허락하지 않으시면, 누구도 예수를 주님으로 부를 수 없기 때문입니다. 요6:44

영적인 영역에서, 즉 하나님 나라의 확장이란 측면에서 기적이 일어났습니다. 먼저, 기적의 파장이 주변으로 확산했습니다. 그의 그물이 찢어질 지경이 되자, 시몬은 어쩔 수 없이 주변에 있던 다른 배에 도움을 청했습니다. 동료는 "세베대의 아들 야고보와 그 형제 요한"이었습니다. 그들은 즉시 '즐거운 비명'을 지르는 시몬에게 달려왔습니다. 그들은 시몬에게 일어난 기적을 목격하고 충격을 받았습니다. 자신들도 근처에서 시몬과 같은 일을 하고 있었지만, 완전히 헛수고를 하던 중이었습니다. 그런데 시몬의 배에서는 상상을 초월한 양의 고기 떼가 잡힌 것입니다. 시몬이 경험한 충격을 그들도 똑같이 겪게 되었습니다. 둘째, 그들도 예수를 만났습니다. 시몬이 그들을 부르지 않았다면, 그들이 예수를 만날 이유도 기회도 없었을 것입니다. 그런데 지금 자기들 근처에서 이렇게 엄청난 일이 벌어졌고, 시몬의 배에서 예수를 뵈었습니다. 이 만남을 계기로, 그들도 예수의 제자가 되었습니다. 제자들의 수가 늘어난 것입니다. 끝으로,

그들 자신이 잡지는 못했지만, 시몬이 잡은 고기들을 함께 나눌 수 있었습니다. 만약 그들이 시몬 근처에서 고기를 잡지 않았다면, 그래서 시몬을 돕지 못했다면, 그들은 빈손으로 돌아가야 했을 것입니다. 하지만, 그들은 그때 그곳에 있었고, 시몬의 그물에서 고기를 나누어 자신들 배에 실었습니다. 후에 그 많은 물고기를 시몬이 독차지했다는 이야기는 듣지 못했습니다. 시몬의 행운이 그들에게도 복이 된 것입니다.

이처럼 주님의 말씀에 순종하는 것은 어려운 결단을 요구합니다. 때로는 우리의 이성을 포기해야 합니다. 때로는 세상의 보편적 상식을 거부해야 합니다. 때로는 사람들의 조롱을 감수해야 합니다. 때로는 자신의 기득권을 스스로 내려놓아야 합니다. 그래서 사람들은 주님의 부름에 응답하길 두려워합니다. 이성을 포기한 대가가 너무 가혹할 것이라고 생각하기 때문입니다. 다수의 방식을 거부한 대가가 너무 고통스럽다고 판단하기 때문입니다. 왕따의 삶이 죽음보다 비참하고, 기득권을 포기하면 금방 죽을 것이라고 예상되기 때문입니다. 하지만, 그렇지 않습니다. 주님 말씀에 순종했던 시몬의 그물은 물고기들로 찢어지게 되었습니다. 두 배가 물고기들로 가득 찼습니다. 이웃에게까지 복이 흘러넘쳤습니다. 이 모든 기적과 축복이 바로 시몬의 순종에서 비롯되었습니다. "순종이 제사보다 낫다"삼상 15:22는 말씀은 진리입니다. 재물 때문에 제자가 되지 못한 청년을 떠올리며 주님은 이렇게 말씀하셨지요. "나와 복음을 위하여 집이나 형제나 자매나 어머니나 아버지나 자식이나 전토를 버린 자는 현세에서 집과 형제와 자매와 어머니와 자식과 전토를 백배나 받되 박해를 겸하여 받고 내세에 영생을 받지 못할 자가 없느니라."막10:29-30 주님의 말씀입니다.

제가 주사랑교회에서 목회를 시작할 때 일입니다. 당시에 제가 섬기던 교회의 담임목사님이 "문을 닫게 된 교회가 하나 있는데, 한번 가서 목회해보지 않겠느냐?"라고 물으셨습니다. 무언가에 홀린 듯이, 저는 덜컥 "예"라고 대답했습니다. 그렇게 저는 아무런 준비도 없이, 정말 "얼떨결에" 목회를 시작하고 말았습니다. 제가 목회를 시작한 교회는 10여 년 전에 개척되었으나, 개척하신 목사님이 교회를 떠나시고 교인들마저 뿔뿔이 흩어져서 폐쇄될 위기에 있었습니다. 그런 상황에서, 제가 그 교회에 갑자기 부임한 것입니다. 법적으로, 주사랑교회의 제2대 담임목사로 취임했습니다. 그러나 제 가족끼리 다시 시작해야 했으므로, 새로 개척한 것과 다름이 없었습니다.

학교수업을 마치고 밤에 예배당에 들렀습니다. 두 달 동안 비어 있던 예배당에 홀로 앉아 기도하는데 무서웠습니다. 정말, 무서웠습니다. 그런 경험은 평생 처음이었습니다. 계속 뒷머리가 삐쭉 서서 도무지 기도를 계속할 수 없었습니다. 예배당 정면을 장식한 붉은색

휘장과 좌우 벽을 둘러싼 빛이 바랜 흰색 커튼들이 마치 계룡산에 있는 신흥종교집단의 제단같이 느껴졌습니다. 결국, 동굴 속에서 기도하던 호랑이처럼, 저는 더는 참지 못하고 예배당을 뛰쳐나왔습니다. 그리고 통장에 남아 있던 몇 푼의 돈, 아이들의 돌 반지를 처분해 마련한 약간의 돈, 그리고 가족들에게 빌린 얼마의 돈으로 예배당 인테리어 공사를 시작했습니다. 공사라고 해야, 전면의 붉은 휘장과 좌우 벽면의 먼지 낀 커튼을 제거하고 페인트를 새로 칠하고 형광등을 교체하는 정도였습니다. 공사를 시작하면서 눈앞이 캄캄했습니다. 내가 무슨 생각으로 이런 교회에서 목회하겠다고 대답했을까? 기도하기도 무서운 공간에서 무슨 목회를 하겠다는 말인가? 과연 우리 교회에도 사람들이 모일까? 걱정은 불안으로 불안은 두려움으로 순식간에 진화했습니다.

교회에서 공사가 진행되는 한 주간 동안, 집에서 아내와 새벽예배를 드리기로 했습니다. 두려움과 부담 속에 집 거실에서 첫 예배를 시작했습니다. 비몽사몽 간에 일어나서 횡설수설하며 예배를 진행했습니다. 그리고 아내와 함께 교회와 가족을 위해 기도하기 시작했습니다. 그런데 기도하는 도중, 성령께서 우리에게 임하셨습니다. 우리는 그동안 가족을 위해 제대로 기도하지 못한 것을 떠올리며 회개했습니다. 우리의 믿음 없음과 무관심을 깨달으며 울었습니다. 순식간에 저의 집안 거실은 오순절 마가의 다락방으로 변했습니다. 부담과 근심으로 짓눌렸던 마음에 소망과 확신이 밀려왔습니다. 아무것도 없지만, 주께서 도와주시리란 믿음이 생겼습니다.

기도를 마친 후, 제가 아내에게 물었습니다. "여보, 만약 우리가 조용기 목사님이나 장경동 목사님께 우리 교회 새벽예배에 오셔서 말씀을 전해달라면 오실까?" 아내가 황당하다는 듯이 저를 쳐다보며 대답합니다. "그걸 말이라고 해요? 그분들이 우리 교회 같이 작고 초라한 교회, 사람들도 없고 사례비도 못 드리는 교회에 왜 오시겠어요? 여보, 정신 좀 차리세요." 아내의 지극히 정상적인 대답을 듣고 제가 다시 말했습니다. "그래, 맞아. 분명히 그분들은 오시지 않겠지. 아무렴. 그런데 여보, 우리 성령님은 오시네! 교인도 우리 둘뿐이고 사례비도 한 푼 못 드리는데, 주님은 이 누추한 방에 이 이른 새벽에 이 먼 대전까지 우리를 찾아오시네! 앞으로도 계속 그러시겠지?" 그날, 우리는 임마누엘의 의미를 다시 한 번 깊이 깨달았습니다. 주님이 늘 우리와 함께 계신다는 진리가 단지 성서의 기록이나 신학적 명제가 아니라 삶의 현실임을 깊이 체험한 것입니다. 그렇게 우리는 목회를 시작했습니다.

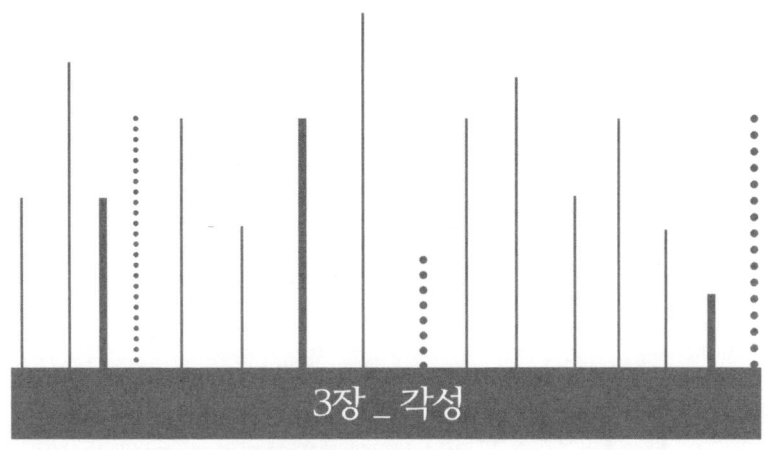

# 3장 _ 각성

시몬 베드로가 이를 보고
예수의 무릎 아래에 엎드려 이르되
주여 나를 떠나소서 나는 죄인이로소이다 하고 눅5:8

## 예수와의

만남을 통해 시작된 시몬의 소명은 위기의 과정을 통과하여, 이제 각성의 단계에 이르렀습니다. 만남을 통해 예수와 시몬 간에 인격적 관계가 형성되고, 예수의 명령에 순종함으로써 시몬은 결정적 위기를 넘겼습니다. 짧지만 팽팽한 긴장 속에 진행된 이런 경험을 통해, 드디어 시몬은 예수와 자신에 대한 심오한 깨달음에 도달한 것입니다. 이 깨달음의 과정이야말로 어부 시몬이 제자 베드로로 거듭나기 위한 또 하나의 결정적 통과의례가 되었습니다.

## 목격

"시몬 베드로가 이를 보고"

본문은 "시몬 베드로가 이를 보고"라는 문장으로 시작됩니다. 시몬이 무엇을 보았을까요? 물론, 눈앞에서 벌어지는 기적을 보았겠지요. 분명히 지난밤 자신의 경험과 기술을 총동원해 그물을 던졌으나 단 한 마리의 물고기도 잡지 못했던 곳에서, 그물이 찢어지도록 엄청난 양의 물고기가 잡히는 것을 자신의 눈으로 보았습니다. 수백 마리의 물고기가 그물을 벗어나려고 안간힘을 쓰며 사방으로 물을 튀깁니다. 물고기들의 움직임 속에서 생명의 약동을 실감합니다. 수많은 물고기의 비늘이 다양한 각도로 햇살을 반사하자, 순식간에 배 안에선 찬란한 빛의 향연이 벌어집니다. 경이로운 잔치의 현장입니다. 그의 경험에 근거한 상식적·합리적 판단으로, 이것은 결코 일어날 수 없는 일입니다. 기적이라는 말 외에 달리 설명할 수 없는 초자연적 현상입니다.

시몬은 이 모든 일을 가능케 한 젊은 청년을 보았습니다. 분명히 그는 어부가 아니라, 목수의 자식일 뿐입니다. 기껏해야 거리에서 성서를 가르치는 랍비에 불과합니다. 그런 청년이 어업을 천직으로 살아온 시몬의 경험과 기술을 무색하게 하며 상상할 수 없는 일을 현실로 만들었습니다. "도대체 이 자는 누구란 말인가?" 눈앞에 벌어지는 이 엄청난 일을 목격하며, 동시에 이 광경을 묵묵히 지켜보는 이 청년을 바라보며, 시몬은 벌어진 입을 다물 수가 없었습니다. 그의 생각은 정지되고 몸은 굳었습니다. 과연 그 순간에 예수는 무슨 표정으로 어떤 자세로 배 안에 있었을까요? 어쩌면 예수도 시몬과 함께 그물을 힘껏 올렸을지 모르겠습니다. 등줄기에 구슬땀이 흐르고 얼굴에 웃음이 가득한 채 "영차! 영차!" 구호 소리에 어부들과 함께 그물을 당겼을까요? 아무튼, 시몬의 눈길은 그 청년 예수에게 고정되었을 것입니다. "이 자는 누구인가?"

시몬은 동료의 놀란 표정도 보았습니다. 그 순간에 그들이 곁에 있어서 천만다행이라고 생각했을 것입니다. 그들이 없었다면 이 엄청난 일을 어떻게 감당했을까요? 생각만 해도 정신이 아찔합니다. 그들은 함께 구령을 맞추며 그물을 끌어올립니다. 동시에, 그들의 눈은 "도대체 어떻게 된 일이냐?"라고 묻습니다. "나도 몰라. 무슨 영문인지. 마치 귀신에게 홀린 것 같아." 그들이 눈으로 던진 질문에, 시몬도 그렇게 눈으로 답할 수밖에 없었겠지요. 지금 벌어지는 일 때문에 넋이 나간 시몬은 그저 어깨만 들썩일 뿐, 그들의 물음에 속 시원히 답을 해줄 수 없었겠지요. 그렇게 황당해하는 그들의 눈빛을 더 황당한 눈빛으로 바라보면서 말입니다.

시몬은 그렇게 넋이 나간 자기 자신을 보았습니다. 시몬은 평소보다 두 배는 더 커진 눈으로, 당장에라도 튀어나올 것 같은 눈으로 사방을 두리번거립니다. 퍼덕거리는 고기떼를 쳐다보다, 웃는 예수의 얼굴을 쳐다보다, 어리둥절해하는 동료를 쳐다보다, 이제 그 모든 것 사이에서 허둥대는 자신을 바라봅니다. 조금 전까지 자신에게 이런 일이 벌어질 줄 상상도 못했겠지요. 얼마 전까지 빈손으로 집에 들어가야 하는 낭패감 속에 망가진 그물을 만지고 있었는데, 바로 그 그물에서 지금 수백 마리의 물고기들이 퍼덕거리고 있습니다. 같은 처지에서 빈 배로 바다에 황망히 떠 있던 친구들의 배도 지금 자신이 나누어준 고기들로 가라앉을 지경이 되었습니다. 또한, 지금 자기 눈앞에 서 있는 이 청년 설교자는 어떻습니까? 지금 자기 눈앞에서 '기적'이 벌어지고 있습니다. "왜 나에게 이런 일어 벌어지는 것일까?" 정말 '멘탈붕괴'는 이럴 때 시몬을 두고 하는 말 같습니다.

여기에서 우리는 "보다"라는 동사의 이중적 의미에 주목할 필요가 있습니다. 즉, 이 본문에 대해 흠정역KJV 성서는 이렇게 기록하고 있습니다. "When Simon Peter saw [it]," 여기서 '보다'에 해당하는 영어단어는 'saw'입니다. 이때, 동사 see saw의 원형에는 눈으로 본다는 뜻과 함께, "(보고) 알다"라는 뜻이 있습니다. "보다"를 "알다"로 대치할 수 있는 것입니다. 문맥에 따라 '보다'는 단어가 '알다'라는 뜻으로 풀이될 수 있다는 말입니다. 또한, '보는 동작'은 곧 '아는 동작'으로 이어집니다. 저는 "시몬 베드로가 이를 보고"를 이렇게 풀어서 이해할 수 있다고 생각합니다. 즉 "시몬 베드로가 이 모든 광경을 눈으로 보고, (    )을 알게 되었다"라고 말입니다. 괄호 안에 들어간 앎의 목적어는 뒤에서 더 상세히 다루겠지만, 분명한 것은 예수가 단지 선생이 아니라 주님이라는 사실, 그리고 자신이 단지 어부가 아니라 죄인이라는 사실을 알게 됩니다. 시몬은 예수를 통해 발생한 엄청난 일을 직접 자신의 눈으로 보고, 예수와 자신에 대해 완전히 새로운 사실을 알게 되었습니다. 이 대목에서 우리가 주목해야 할 것은 예수와 자신에 대한 앎, 이 지식이 구원의 결정적 열쇠며, 이런 궁극적 지식에 이르는데 "눈으로 본다"라는 육체적 경험이 결정적 역할을 한다는 사실입니다. 이것이 깨달음과 체험 사이의 필연적 관계를 입증해줍니다.

이 부분이 영지주의와 열광주의 사이에서 기독교 신앙의 요체를 설명해줍니다. 즉, 영지주의는 극단적인 영육이론원에 근거해서 육체를 부정하고 영적 지식에 몰두했습니다. 이런 흐름은 신플라톤주의의의 영향 속에 기독교 안에도 오랫동안 존재했고, 지금도 그런 흐름이 곳곳에서 발견됩니다. 종교적 체험을 폄하하고 지성적 탐구에 집착하는 흐름이 교회 안에 존재해왔기 때문입니다. 역으로, 신비적 체험에 중독되어 신학과 지성을 경멸하는 흐름도 교회사 안에 있었습니다. 신비체험이 종교의 핵심적 구성요소임이 틀림없지만, 체험은 궁극적 목표를 위한 여러 방편 중 하나에 불과합니다. 두 경향 모두 극단으로 치우쳤습니다. 감각적 체험 없이 하나님에 대한 올바른 이해에 도달할 수 있다고 믿는 것은 지적 오만일 뿐입니다. 인간은 영과 육의 결합체이며, 영이신 하나님께서 육신을 입고 이 땅에 오신 분이 예수 그리스도이고, 그것이 성육신 교리의 요체이기 때문입니다. 동시에, 감각적 체험 자체에 함몰되는 것은 그 체험이 곧 예수와 자기 자신에 대한 올바른 인식으로 이어져야 한다는 사실을 놓치게

합니다. 체험은 그 자체로 목적이 아니라 올바른 깨달음을 위한 유용한 도구요 통로입니다. 시몬이 배 위에서 벌어진 경이적 광경을 눈으로 보았고, 그 감각적 경험이 예수께서 주님이며 자신은 죄인이란 각성으로 이어졌습니다. 결국, 진정한 기독교는 영지주의와 열광주의 모두를 거부합니다.

이런 사실은 성서의 다른 곳에서도 확인할 수 있습니다. 대표적인 두 경우가 구약의 욥과 신약의 도마입니다. 욥은 자신에게 닥친 참담한 비극에 대해 친구들과 신학적 토론을 벌입니다. 인과응보론에 근거한 친구들의 집요한 설득에 대해, 욥은 조목조목 변론을 시도합니다. 그렇게 토론은 끝 날줄 모르고 지루하게 반복됩니다. 처음에 욥의 모습은 신앙적 영웅의 풍모를 보여줍니다. 그렇게 큰 고통을 겪었지만, 하나님을 원망하지 않습니다. "이르되 내가 모태에서 알몸으로 나왔사온즉 또한 알몸이 그리로 돌아가올지라. 주신 이도 여호와시요 거두신 이도 여호와시오니 여호와의 이름이 찬송을 받으실지니이다."욥1:21 하지만, 얼마 후, 욥은 자신에게 닥친 기막힌 상황을 용납할 수 없어 괴로워합니다. 친구들과의 신학논쟁을 거듭할수록 그런 좌절의 농도는 짙어갑니다. 종국에는 자신의 출생마저 저주하지요. "어찌하여 내가 태에서 죽어 나오지 아니하였던가 어찌하여 내 어머니가 해산할 때에 내가 숨지지 아니하였던가."욥3:11 그렇게 지적 논쟁과 심적 고통이 지루하게 이어지던 중, 하나님이 욥에게 나타나십니다. 그리고 욥을 향한 하나님의 호통이 무섭게 터져 나옵니다. 하나님에 대해 복잡하고 난해한 논쟁은 하나님의 출현으로 순식간에 막을 내립니다. 영적 우울증에 시달리던 욥이 정신을 차립니다. 그리고 이렇게 고백합니다. "내가 주께 대하여 귀로 듣기만 하였사오나 이제는 눈으로 주를 뵈옵나이다. 그러므로 내가 스스로 거두어들이고 티끌과 재 가운데에서 회개하나이다."욥42:5-6 배 위에서 시몬이 경험한 것과 매우 유사합니다.

예수께서 부활하시고 제자들에게 친히 나타나셨습니다. 하지만, 당시에 도마가 현장에 없었습니다. 나중에 나타난 도마에게 제자들은 예수의 부활을 알려주었습니다. 자신들의 눈으로 주님을 뵈었다고 흥분해서 말했습니다. 하지만, 도마는 그들의 말을 믿지 못했습니다. "내가 그의 손의 못 자국을 보며 내 손가락을 그 못 자국에 넣으며 내 손을 그 옆구리에 넣어 보지 않고는 믿지 아니하겠노라."요20:25 정당한 항변입니다. 다른 제자들은 부활하신 예수를 직접 자신들의 눈으로 보았지만, 도마는 아직 그런 체험을 못 했기 때문입니다. 제자들은 자신들의 말을 믿지 않는 도마가 안타까웠을 것입니다. "왜, 도마는 이 분명한 사실을 자신들처럼 믿지 못하는 것일까?" 그렇다면 예수께서 이 문제를 어떻게 해결하셨을까요? 다른 제자들에게 그랬던 것처럼, 예수께서 도마에게 친히 나타나셨습니다. 그리고 도마의 바람대로 자신의 손과 옆구리를 그에게 보여주셨습니다. "네 손가락을 이리 내밀어 내 손을 보고 네 손을 내밀어 내 옆구리에 넣어 보라. 그리하여 믿음 없는 자가 되지 말고 믿는 자가 되라."요20:27 이런 극적인 경험 후, 도마는 자신의 입으로 이렇게 고백했습니다. "나의 주님이시요 나의 하나님이시니이다."요20:28 비록, 주께서 보지 않고 믿는 것이 더 훌륭한 믿음이라고 말씀하셨지만, 이것이 인간의 한계입니다. 주님을 눈으로 본 후에야, 우리도 도마처럼 그분을 주님과 하나님으로 고백할 수 있습니다. 어쩔 수가 없습니다. 주님과의 인격적 만남이 부재한 믿음은 상상의 산물, 관념의 투사인 경우가 많기 때문입니다. 이성을 토대로 신을 이해하려는 '철학자의 하나님'이 소박한 체험에 근거한 '신자의 하나님'과 똑같을 수 없는 이유입니다.

저의 대학친구 중 연애박사가 있었습니다. 고3의 수도원적 삶을 끝내고 대학생이 된 우리는 끓어오르는 청춘의 열정 속에 연애사업에 투신했습니다. 하지만, 이론과 실습이 극도로 부족했던 우리는 번번이 실패하며 좌절했습니다. 그때 우리 앞에 혜성같이 나타난 인물이 바로 "연애박사 임○○"였습니다. 멍청한 실수를 연발하며 연애사업에 부도 맞은 우리에게, 그는 정말 천기를 누설하는 프로메테우스처럼 등장했습니다. "멍청한 놈들, 킹카를 낚고 싶은가? 그렇다면 3M을 기억하라. Money, Mood, 그리고 Manner." 우리는 그 진리 앞에 "아멘"으로 화답했습니다. 잊지 말자 3M! 하지만, 얼마 후에 감추어진 진실이 드러나기 시작했습니다. 정작 다른 사람들이 시행착오를 거듭하며 각자의 노하우를 습득하고 마침내 뜨거운 사랑을 시작했을 때, 우리의 현자였던 연애박사는 졸업 때까지 연애를 시작도 못 한 것입니다. 숙맥인 우리 앞에서 '연애학개론'을 현란하게 강의했던 그는 사실 한 번도 연애에 성공한 적이 없던 '불쌍한' 인간이었습니다. 연애에 대한 그의 해박한 지식은 실험이나 실습을 거친 적이 없었던 순수이론에 불과했던 것입니다. 그래서 현란한 지식을 갖고 있었지만, 남들이 다 짝을 찾아 행복한 청춘을 보낼 때, 그는 그들의 뒷모습만 쓸쓸히 바라보며 쓴맛을 다셔야 했던 것입니다. 멍청한 놈!

우리의 신앙생활도 이런 경우가 허다합니다. 성서에는 경이적인 사건들이 가득하며, 초대교회 역사에도 유사한 이야기들이 넘쳐납니다. 하지만, 우리 삶 속에는 그런 흥분과 감동이 적습니다. 성서와 신앙 서적을 열심히 읽지만, 우리 삶은 자주 무미건조하고 감동과 충격도 드뭅니다. 성서에 대한 지식이 부족하지 않습니다. 심지어 신학적 지식도 점점 더 대중화되고 있습니다. 하지만, 신자들의 믿음은 약해지고 부흥의 열기도 미미하며, 세상을 향한 복음의 능력도 옛날 같지 않습니다. 체험에 근거한 앎, 삶 속에 입증된 복음의 부재로 말미암은 신앙의 위기임이 틀림없습니다.

시몬의 경우, 예수를 만나지 못했다면, 그분의 놀라운 기적을 직접 목격하지 못했다면, 그는 결코 예수를 따르지 못했을 것입니다. 예수의 경이적인 사역을 눈으로 확인하지 못했다면, 그는 결코 그분을 랍비 이상으로 이해하지 못했을 것입니다. 시몬도 예수의 말씀을 귀로 들은 후, 그분을 "선생님"으로 인정했습니다. 그러나 예수의 사역을 눈으로 본 후, 예수는 그에게 "주님"이 되었습니다. 동시에, 예수의 사역을 경험한 직후, 시몬은 자신에 대한 완전히 새로운 인식에 도달했습니다. 자신을 단지 고기 잡는 어부가 아니라, "죄인"으로 자각한 것입니다. 예수의 존재와 사역을 자신의 눈으로 확인하고 나서, 이 모든 일이 가능했습니다.

# 굴복

*"예수의 무릎 아래에 엎드려."*

본문은 이렇게 이어집니다. "예수의 무릎 아래에 엎드려." 시몬은 배 위에서 예수 앞에 무릎을 꿇었습니다. 누구도 예상하지 못한 일이요, 누구도 강요하지 않은 일입니다. 조금 전, 예수가 그에게 다가와 배를 타겠다고 했을 때, 이런 일이 바다 한가운데서 벌어지리라고 누가 상상이나 했겠습니까? 그저 바람이나 쐬려는 줄 알았겠지요. 배 좀 태워주고 푼돈이라도 받을 생각으로 그를 배에 태웠겠지요. 그런데 지금 시몬은 청년 예수 앞에 무릎을 꿇고 있습니다. 이게 무슨 '황당한 시츄에이션' 입니까? 더는 돈이 문제가 아닙니다. 텅 비었던 그의 배가 물고기로 가득 찼다는 사실도 중요하지 않습니다. 가난한 어부 시몬에게 물고기보다, 돈보다 더 중요한 것이 그의 마음을 사로잡았습니다. 평생 처음 겪는 기막힌 일입니다. 그는 자기 앞에 서 있는 한 젊은이에게 압도되어, 자신도 모르게 무릎을 꿇었습니다. 무릎을 꿇는 것은 복종과 굴복의 표현입니다. 싸움에서 패한 자가 승자 앞에 무릎을 꿇습니다. 제자가 스승 앞에 무릎을 꿇습니다. 무릎을 꿇는 순간, 양자의 관계는 수평에서 수직으로 재구성됩니다. 더는 양자 사이에 평등은 존재하지 않습니다. 이렇게 시몬이 예수 앞에 무릎을 꿇었을 때, 이들의 관계가 순식간에 뒤집혔습니다. 뱃삯을 매개로 한 사공과 승객의 관계가 아닌, 생명의 끈으로 연결된 스승과 제자의 관계로 말입니다.

이 맥락에서 우리가 주목할 부분들이 있습니다. 무엇보다, 시몬의 굴복은 자발적 결단이었습니다. 승자가 패자에게 굴욕을 주려고 무릎을 꿇으라고 강요한 것이 아닙니다. 혹은, 예수 안에서 초능력을 발견한 어부가 더 많은 고기를 얻으려고 비굴하게 아부하는 장면도 아닙니다. 예수께서 행하시는 경이로운 일에 시몬은 완전히 압도되고 매료되었습니다. 마치 백두산 정상에 올라 천지를 처음 본 순간, 온몸의 감각이 마비되고 입에선 신음 같은 탄성이 흘러나오며 다리 힘이 풀리는 것과 같은 현상입니다. 누가 시킨 것도 아니고 스스로 작정한 일도 아닌데, 마치 마법에 걸린 듯한 신비로운 반응입니다. 이처럼, 시몬이 예수 앞에 무릎을 꿇은 것은 절대적으로 자발적인 결정이었고, 어쩌면 의식이 관여할 틈도 없이 발생한 본능적 반응이었습니다. 이 거룩한 장면에 패자의 수치나 굴욕, 혹은 얄팍한 처세술이 끼어들 틈은 없습니다.

또한, 시몬의 예기치 못한 행동은 예수의 경이적인 능력과 위엄에 대한 시몬의 직접적 체험에서 기원한 것입니다. 그는 예수의 기적을 신문이나 방송에서 읽고 들은 것이 아닙니다. 누군가로부터 간접적으로 전해 들은 소문도 아닙니다. 다른 사람들이 경험한 사실도 아니며, 과거의 특이한 기록도 아닙니다. 시몬 자신의 눈으로 방금 확인한 사실이요 현실입니다. 선천성 시각장애를 갖고 있던 사람이 실로암 연못에서 예수의 도움으로 눈을 떴습니다. 예수에 반대하던 사람들이 그를 위협하여 거짓 자백을 유도했습니다. 그때, 그가 단호하게 말했습니다. "그가 죄인인지 내가 알지 못하나 한 가지 아는 것은 내가 맹인으로 있다가 지금 보는 그것이니이다."요9:25 그가 사람들의 험악한 위협 속에도 자신의 체험을 정직하고 담대히 증언할 수 있었던 것은 그의 눈이 떴다는 확실한 체험 때문이었습니다. 자신의 눈으로 기적의 현장을 목격한 시몬도 자신의 체험을 부정할 수 없었습니다. 눈을 감아도 조금 전 목격한 사건의 잔영이 눈앞에 어른거리고, 그 사건을 목격하면서 받은 충격으로 아직도 심장이 요동치는 한, 그는 예수를 단지 목수나 설교자로 간주할 수 없었습니다. 자신도 모르게 그의 입술은 예수를 주님으로 고백하고, 그의 무릎은 그분 앞에서 꺾이고 말았습니다. 영광의 주님 앞에서 돌들이 반응하듯, 시몬의 사지육신이 그분께 반응한 것입니다. 결국, 성서가 말하는 진정한 소명은 예수에 대한 직접적 체험과 자발적 결단을 통해 이루어집니다. 이런 체험과 결단이 없으면 그것은 소명이 아닙니다. 징집이나 납치지.

시몬이 자발적으로 주님 앞에 무릎을 꿇는 장면은 빌립보서 2장에서 바울이 기술한 한 장면을 떠올리게 합니다.

그는 근본 하나님의 본체시나 하나님과 동등됨을 취할 것으로 여기지 아니하시고 오히려 자기를 비워 종의 형체를 가지사 사람들과 같이 되셨고, 사람의 모양으로 나타나사 자기를 낮추시고 죽기까지 복종하셨으니 곧 십자가에 죽으심이라.
이러므로 하나님이 그를 지극히 높여 모든 이름 위에 뛰어난
이름을 주사 하늘에 있는 자들과 땅에 있는 자들과 땅 아래에
있는 자들로 모든 무릎을 예수의 이름에 꿇게 하시고 모든 입
으로 예수 그리스도를 주라 시인하여 하나님 아버지께 영광
을 돌리게 하셨느니라.6-11

예수는 하나님의 뜻 가운데 한없이 낮아지셨습니다. 자기를 비우고 종의 형체와 사람의 모양으로 나타나셨고 십자가에서 처형되었습니다. 세상은 그것을 부끄러운 일, 실패한 사역으로 치부하고 폄하했습니다. 하지만, 바로 그 순간에 하나님이 이 상황에 개입하여, 모든 것을 근본적으로 역전시키셨습니다. 하나님이 수난의 예수를 지극히 높여, 모든 이름 위에 뛰어난 이름을 주고 모든 무릎을 예수 앞에 꿇게 한다고 약속하셨습니다. 예수 그리스도를 주님으로 고백하고 하나님께 무한한 영광을 돌린다는 말씀입니다. 지금 시몬의 상황은 예수의 수난과 부활 이전에 벌어진 일이지만, 바울의 놀라운 선언이 지금 시몬을 통해 극적으로 실현되고 있습니다. 그가 예수를 주님으로 칭하면서 자신의 무릎을 꿇는 장면은 종말에 실현될 하나님나라를 미리 맛보는 역사적 현장입니다.

이것은 바울의 회심 장면에서 더 극적으로 재현됩니다. 다메섹의 교회를 파괴하기 위해, 극도로 흥분한 바울이 동행한 무리와 발걸음을 재촉하고 있었습니다. 바울의 왜곡된 신앙적 열정과 교회에 대한

뒤틀린 충성이 자신의 의도와 달리 하나님나라를 온몸으로 방해하고 있었습니다. 마침내, 종교 당국의 권위를 힘입어 흥분한 패거리들과 함께 목적지 인근에 이르렀습니다. 그때, 하늘에서 강한 빛이 그들을 둘러 비추기 시작했습니다. 그 순간, 바울은 반사적으로 땅에 엎드렸습니다. 자신의 종교적 권세와 물리적 폭력으로 정복하고 파괴하려던 예수 앞에 자기 의지와 상관없이 무릎을 꿇게 된 것입니다. 무릎 정도가 아니라 땅에 몸을 던져 엎드렸습니다. 바울의 완패였습니다. 하지만, 그 패배는 '폭도 사울'이 '사도 바울'로 거듭나는 위대한 전환점이었습니다.

야곱의 경우도 마찬가지입니다. 자신의 목숨을 노리며 달려오는 형 에서를 맞이하기 전, 야곱은 하나님의 천사와 목숨을 건 싸움을 벌입니다. 그는 하나님과의 싸움마저 자기 실력으로 이기겠다며 온갖 재주와 힘을 씁니다. 야곱이 어떤 사람입니까? 그때까지, 그는 자신의 꿈을 이루려고 수단과 방법을 가리지 않았던 사람입니다. 자신이 설정한 목표를 한 번도 예외 없이 성취한 무서운 인간입니다. 장자권을 획득하기 위해 형을 팥죽 한 그릇으로 가볍게 해치웠습니다. 장자의 축복기도를 받으려고 어머니와 공모해서 눈이 보이지 않는 아버지를 감쪽같이 속였습니다. 외삼촌 집에서 몸을 의탁하는 동안 처음으로 만만치 않은 상대를 만났습니다. 초반에는 일방적으로 외삼촌의 계략에 당했습니다. 하지만, 전세를 역전하여 외삼촌의 딸들과 하녀들 그리고 수많은 양떼를 자신의 것으로 '등기이전' 시켰습니다. 이 모든 과정에서 보여주는 야곱의 권모술수는 타의 추종을 불

허합니다. 그런 역사적 경험과 경력에 근거하여, 이제는 하나님의 천사마저 꺾겠다고 달려들었습니다. 자신을 축복하지 않으면 그대로 보낼 수 없다며 천사를 붙들고 몸부림쳤습니다. 그 씨름이 밤새도록 계속 되었습니다. 정말 대단한 집착이요 승부욕입니다. 결국, 천사는 그의 환도뼈를 부러뜨려 싸움을 끝냈습니다. 뼈가 부러지면서 그는 바닥에 나뒹굴었습니다. 평생 처음으로, 야곱이 싸움에서 패한 것입니다. 하지만, 하나님께 패함으로써 그의 삶은 극적으로 변했습니다. 싸움에서 완패하고 몸은 장애를 입었지만, 그를 지배하던 야망, 경쟁, 다툼, 기만에서 해방되었습니다. 하나님께 패함으로써, 그가 진정한 구원을 성취한 것입니다. 그래서 프레더릭 뷰크너Frederick Buechner는 이런 야곱의 패배를 "위대한 패배"the Magnificient Defeat라고 명명했습니다.

    대학에 다니던 시절, 휴학을 위해 지도교수님을 뵈었습니다. 이런저런 이야기를 나누다, 교수님께서 저의 장래 계획을 물으셨습니다. 저는 대학졸업 후 신학교에 가겠다고 말씀드렸습니다. 그때 교수님께서 제게 "신학교에 가거든 그곳에서만 배울 수 있는 것을 배우도록 힘쓰게. 나는 그것이 경건이라고 생각하네"라고 말씀하셨습니다. 그날 저는 그 말씀을 제 가슴에 새겼습니다. 경건한 그리스도인이 되겠다고 다짐했습니다. 하지만, 삶이 분주해지면서, 저는 "경건의 모양은 있으나, 경건의 능력은 없는 자"가 되고 말았습니다. 학교에서 가르치고 교회에서 목회하면서, 이런 무력감은 더해갔습니다. 열심히 설교했지만 갈수록 설교에 대한 자신감을 잃었습니다. 성도들의 문제 앞에 기가 죽었습니다. 교회가 부흥하지 않는 모습에 낙담했습니다. 성도들의 신앙이 성장하지 않는 모습에 힘이 빠졌습니다. 무너진 교회를 다시 세우고 연약한 신자들을 양육하며 사역자들을 훈련해야 하는데, 그들 앞에서 저 자신은 방향감을 상실하고 "멘붕" 상태에 빠지곤 했습니다. 문제가 심각해지면서 더 열심히 책을 읽었습니다. 설교를 더 잘하려고 이런저런 방법을 궁리했습니다. 그런데 한가지만은 끝까지 무시했습니다. 바로 기도였습니다.

목회는 혈과 육이 아니라 하나님의 능력으로 하는 것이며, 그 능력은 기도를 통해 주어집니다. 하지만, 저는 그것을 간과했습니다. 성서에 대한 지식이 해박하고 화술이 아무리 뛰어나도, 하나님의 영이 그 말씀과 함께하지 않으면, 그것은 단지 지식의 자랑, 인간적 주장에 그칠 뿐입니다. 하나님의 말씀 대신 목사의 사상을, 하나님의 권능 대신 목사의 재능으로 설교할 뿐입니다. 예수의 처형으로 교회가 절체절명의 위기에 처했을 때, 무지하고 믿음 없고 무능한 제자들이 했던 일은 함께 모여 기도한 것입니다. "빌기를 다하매, 모인 곳이 진동하더니 무리가 다 성령이 충만하여 담대히 하나님의 말씀을 전하니라."행4:31 무엇을 전할지, 어떻게 전할지 고민하기 전, 일체의 교만과 건방을 내려놓고 겸손히 하나님께 엎드려야 합니다. 하나님께 패배를 인정하고 하나님의 도움을 구해야 합니다. 이것이 진정한 경건입니다. 혹독한 실패를 반복하고서 깨달은 뼈아픈 교훈이었습니다.

이런 관점에서 우리 신앙을 관찰할 때, 주님에 대한 굴복의 부재가 너무 심각해 보입니다. 언제부터인가, 한국교회의 문턱이 너무 낮아졌습니다. 사실, 초대교회에서 교회회원이 되는 것은 매우 어려운 일이었습니다. 로마제국의 공식적 박해 아래서 신앙을 고백하는 것은 순교를 각오해야 하는 엄청난 일이었습니다. 종교개혁 시절에도 가톨릭교회에 저항하며 개신교 진영에 가담하는 것은 박해와 전쟁을 각오해야 했습니다. 한국교회 초창기에도, 개종은 사회적 핍박을 피할 수 없었습니다. 그 모든 고난을 감당할 수 있는 근원적 힘은 예수 앞에 무릎을 꿇는 것에서 비롯되었습니다. 예수 앞에 무릎을 꿇지 않고는 세상을 향해 일어설 수 없었습니다. 그들은 예수 앞에 꿇은 무릎으로 천국을 향해 당당히 걸어갈 수 있었습니다. 그런데 오늘날 우리 안에서 그런 모습을 쉽게 찾아볼 수 없습니다. 우리가 예수 앞에 무릎을 꿇는 대신, 예수를 우리 앞에 무릎 꿇게 하는 것 같습니다. 결코, 혼동하지 말아야 합니다. 무릎을 꿇어야 할 주체는 우리이며, 우리가 무릎을 꿇어야 할 대상이 주님이십니다. 주님의 제자로 따라나서기 전, 우리는 그분 앞에 무릎부터 꿇어야 합니다.

# 공포

## "주여 나를 떠나소서"

그물이 찢어질 듯이 끌려 올라오는 고기떼를 보며 시몬은 반사적으로 기쁨의 탄성을 터뜨렸고, 동시에 기가 질렸습니다. 순간적으로, 두려움이 그를 압도했습니다. 자신의 경험과 기술이 무용지물이 되는 현실이 두려웠습니다. 프로인 자신도 실패한 일을 아마추어인 예수가 성공하는 모습이 두려웠습니다. 한 번도 본 적이 없는 엄청난 수의 물고기 떼가 그물에 올라오는 광경이 두려웠습니다. 이 혼란스럽고 충격적인 일이 순식간에 벌어지는 상황 자체가 두려웠습니다. 무엇보다, 자기 앞에 서 있는 청년이 단지 '젊은 랍비'가 아니라 '신적 존재'라는 사실을 직관적으로 간파하면서, 감당할 수 없는 공포가 쓰나미처럼 그를 덮쳤습니다. 그의 마음을 장악한 두려움은 순식간에 그의 육체마저 굴복시켰습니다. 마치 구멍 난 풍선처럼 그의 전신에서 기운이 빠져나갔습니다. 몸에서 벗은 옷이 힘없이 바닥에 떨어지듯, 시몬은 예수 앞에 무릎을 꿇었습니다. 그리고 이렇게 말했습니다. "나를 떠나소서." 자신은 온 힘을 다해 목청껏 외쳤지만, 밖으로 들린 목소리는 알아들을 수 없을 만큼 작고 힘이 없었습니다. 다만, 부들부들 떨리는 음성의 진동으로 그의 두려움의 농도를 감지할 뿐입니다.

출애굽기 3장에는 모세가 호렙산에서 여호와를 만나는 장면이 나옵니다. 떨기나무에 불꽃으로 임한 하나님을 목자 모세가 만났습니다. 하나님이 자신을 "나는 네 조상의 하나님이니 아브라함의 하나님, 이삭의 하나님, 야곱의 하나님이라"라고 소개할 때, 모세는 "하나님 뵈옵기를 두려워하여" 얼굴을 가렸습니다.출3:6 스랍들의 출현과 그들의 찬양으로 예루살렘 성전에 연기가 충만할 때, 이사야는 이 광경에 압도되어 고백했습니다. "화로다 나는 망하게 되었도다. 나는 입술이 부정한 사람이요 나는 입술이 부정한 백성 중에 거주하면서 만군의 여호와이신 왕을 뵈었음이로다."사6:5 요셉의 약혼녀였던 마리아에게 천사 가브리엘이 나타났습니다. 그가 겁에 질린 마리아에게 건넨 첫 마디는 "마리아여 무서워하지 말라"눅1:30였습니다. 부활하신 예수께서 제자들에게 나타나셨을 때, 제자들의 자연스런 반응은 "놀라고 무서워하여 그 보는 것을 영으로 생각하는지라"였습니다.눅24:37

이처럼, 하나님을 만난 인간의 일차적 반응은 '두려움'입니다. 이것은 유한有限이 무한無限을 만났을 때 벌어지는 자연스런 반응입니다. 산에서 하나님을 만난 모세는 두려움에 압도되어 자신의 얼굴을 가릴 수밖에 없었습니다. 도무지 그 영화로운 얼굴을 감당할 수 없었기 때문입니다. 성전에서 하나님을 목격한 이사야는 죽음의 공포에 압도되어 거의 죽은 사람 같이 되고 말았습니다. 그분의 성결 앞에 자신의 죄가 낱낱이 폭로되었기 때문입니다. 성서에서 천사가 여인 앞에 나타난 기록은 거의 없습니다. 지금 자기 앞에 서 있는 가브리엘 천사를 눈으로 본 순간, 마리아가 경험했을 공포의 강도를 미루어 짐작할 수 있습니다. 죽은 스승의 출현은 제자들을 남량특집 공포영화의 관객으로 돌변시켰습니다. 부활하신 주님을 만난 사람들은 예외 없이 절대적 두려움에 떨었습니다. 똑같은 사건이 시몬의 배 위에서 벌어졌습니다. 자기 앞에 서 있는 청년이 이제는 목수나 랍비가 아니라, 하나님이란 사실을 깨달은 시몬은 두려움에 죽은 자 같이 되어 절규했습니다. "나를 떠나소서." 종교학자 루돌프 오토Rudolf Otto는 이런 신비체험을 누미노제the numinous라고 명명했고, 이 경험의 핵심적 구성요소 중 하나가 "신비적 두려움"mysterium tremendum이라고 설명했습니다. 물론, 누미노제는 두려움만이 아니라, 황홀의 경험도 포함합니다. 그러나 이 거대한 초월적 신비 앞에서 인간이 근원적 공포를 경험하는 것은 지극히 당연합니다.

그런데 이 맥락에서 한 가지 질문이 생깁니다. 공포에 휩싸인 시몬은 왜 예수께 자신을 떠나라고 했을까요? 거룩한 하나님의 현존을 경험한 기록은 성서에 자주 등장합니다. 하지만, 그런 장면에서 인간들이 하나님의 현존을 거부하며 자신들에게서 떠나라고 요청한 경우는 찾아보기 어렵습니다. 후에, 시몬이 다른 제자 동료와 함께 변화산에서 예수의 신령한 모습을 목격했을 때, 그는 오히려 그 자리를 떠나려 하지 않았습니다. 초막을 짓고 그곳에서 함께 살자며 간청했으니까요. 하지만, 이 장면에서 시몬은 예수께 간절히 혹은 기겁하여 부탁합니다. "나를 떠나소서." 두 가지 해석이 가능할 것 같습니다.

하나는 그 순간 그 자리를 견딜 수 없을 만큼, 그의 두려움이 깊었기 때문입니다. 그는 일 초라도 빨리 이 자리에서 벗어나고 싶었을 것입니다. 얼마 전까지, 밤새도록 수고했지만 허탕을 친 것 때문에 실망과 분노가 그의 마음을 사로잡고 있었습니다. 엄청난 양의 물고기가 자신의 그물에 달려오는 것을 본 순간, 그는 자신도 모르게 탄성을 질렀습니다. 하지만, 그런 탄성으로 벌어진 입을 닫기도 전, 그의 온 정신은 두려움으로 압도되기 시작했습니다. 자기 앞에 서 있는 청년이 하나님으로 보였기 때문입니다. 이 순간에 그물도, 물고기도, 배도, 그리고 옆에 있는 사람도 보이지 않았습니다. 이 청년 예수 앞에서 모든 것이 의미를 잃고 빛이 바랬습니다. 뭔가 엄청난 일이 벌어지고 있다는 것을 직감했습니다. 그 엄청난 일에 자신이 끌려들어 가고 있음을 알아차렸습니다. 그 순간, 그는 이 자리에서 도망쳐야 한다는 생각밖에 없었을 것입니다.

한편, 이 모든 상황에서 주도권이 예수께 있다는 사실도 시몬이 깨달았습니다. 지금까지 벌어진 모든 일에서, 시몬 자신이 한 것은 아무것도 없습니다. 호숫가에 있던 여러 척의 배 중, 시몬의 배를 선택하신 것은 예수였습니다. 예수는 선주船主인 시몬의 의사도 묻지 않고 일방적으로 그 배에 오르셨습니다. 배를 물가에서 떨어뜨리라고, 배를 먼 곳으로 이동하라고, 그리고 그곳에서 그물을 던지라고 명령하신 분도 오직 예수셨습니다. 시몬의 의견을 묻거나 이유를 설명한 적이 없습니다. 그 모든 과정에서, 시몬은 예수의 카리스마에 압도되어 마치 최면에 걸린 사람처럼, 꼭두각시 인형처럼, 그의 명령대로 행동할 수밖에 없었습니다. 그렇게 여기까지 온 것입니다. 시몬은 현재 상황을 정확히 파악했습니다. 이 상황에서 예수가 "갑"이고 자신이 "을"임을, 그분이 절대적인 주도권을 쥐고 있다는 사실을 깨달았습니다. 결국, 자기 스스로 이 순간을, 이 장소를 결코 벗어날 수 없음을 알아차렸습니다. 자신이 도망칠 수 없다면, 답은 하나뿐입니다. 예수께서 떠나셔야 합니다. 그분만이 이 상황을 해제할 수 있기 때문입니다. 그래서 지금까지 단 한 번도 예수께 자기 의견이나 주장을 내세운 적이 없던 시몬이 남은 힘과 용기를 모아 예수께 저항하듯 간청합니다. "나를 떠나소서." 이 짧은 발언 속에, 또 그가 그런 말을 했다는 사실에서, 우리는 시몬의 두려움이 얼마나 대단했는지 짐작할 수 있습니다. 그런 극단적 두려움이 폭발하여 그의 입을 통해 터져 나온 것입니다. 이것은 예수에 대한 시몬의 최후이자 유일한 저항이었습니다. 또한, 이것은 예수에게 백기를 든 최후의 항복이기도 합니다. 기묘한 역설입니다.

시몬의 경험과 오토의 학설은 하나님 앞에 서 있는 우리의 종교적 실존 자체에 대해 심각한 물음을 제기합니다. 왜냐하면, 현대 교회에서 하나님에 대한 두려움이 실종되고 있기 때문입니다. 하나님의 초월성보다 내재성을 강조하고, 하나님의 정의보다 사랑을 선호하며, 하나님의 심판보다 축복을 더 앙망하는 현실에서, 신자들이 하나님 앞에서 두려움을 느낄 기회가 좀처럼 없습니다. 하지만, 잠언 기자는 선언합니다. "여호와를 경외하는 것이 지식의 근본이거늘" 잠1:7 하나님 앞에서 두려움에 압도되어 전율했던 경험 없이, 진정한 회심도 진정한 소명도 그리고 진정한 예배도 존재할 수 없습니다. 회심이 값싼 종교적 통과의례로, 성령세례가 얄팍한 종교적 황홀경으로, 예배가 화려한 종교적 공연으로, 선교가 요란한 종교적 사업으로, 그리고 교회 자체가 인간들의 종교적 친목단체로 전락하는 현실에서, 시몬의 누미노제 경험은 낯설기만 합니다. 정녕, 하나님을 두려워하는 것이 지식의 근본이라면, 결국 하나님에 대한 믿음은 그분에 대한 두려움의 감정과 깊이 연관되어 있습니다. 오늘날 사회적·교회적 비난과 개혁의 원인이 되는, 교회 안팎에서 벌어지는 수많은 윤리적 일탈행위는 근원적으로 불신앙의 문제이며, 그것은 하나님에 대한 경외감의 부재와 깊이 관계가 있습니다. 이제는 한국교회가 하나님의 현존을 체험하지 못하는 한, 그분의 현존 앞에서 절대적 공포를 경험하지 못하는 한, 교회 안에서 하나님의 이름으로 벌어지는 치욕스런 죄악의 고리는 끊을 수 없습니다. 교회가 친목동아리로, 예배가 익숙한 종교행사로, 설교가 친숙한 훈화로 퇴화하는 한, 그래서 교회, 예배, 설교 안에서 거룩한 두려움을 경험하지 못하는 한, 한국교회의 미래는 없습니다. "나를 떠나소서"란 시몬의 처절한 절규가 우리 입에서 재현될 때, 한국교회는 비로소 진정한 하나님의 전이 될 것입니다. 한국교회의 부흥은 거기서부터 시작할 것입니다.

# 각성

*"주여… 나는 죄인이로소이다"*

예수에게 굴복한 시몬은 두려움에 휩싸였습니다. 이 상황을 견딜 수 없던 그는 예수께 자신을 떠나라고 간곡히 부탁했습니다. 하지만, 이런 원초적 두려움은 예수와 자신에 대한 근원적 깨달음으로 이어졌습니다. 예수 앞에 무릎 꿇고 떠날 것을 간청하는 시몬의 고백에서 우리는 두 가지 중요한 사실을 포착합니다. 이 장면을 묘사한 본문은 이렇습니다. "이르되, 주여 나를 떠나소서. 나는 죄인이로소이다." 이 문장에서 우리는 바로 "주여"라는 호칭과 "나는 죄인이로소이다"라는 고백에 주목해야 합니다. 이것은 앞에서 들을 수 없었던 호칭이요, 조금 전까지 예상할 수 없었던 고백이기 때문입니다.

먼저, "주여"라는 호칭에 주목해 봅시다. 누가복음 5장에서 시몬이 처음 예수를 불렀던 호칭은 "선생님"이었습니다. "시몬이 대답하여 이르되 선생님…" 얼마 전, 시몬은 배 안에서 예수 곁에 앉아, 그분이 사람들에게 전하는 말씀을 들었습니다. 성서는 사람들이 예수께 몰려와 "하나님의 말씀"을 들었다고 말할 뿐, 말씀의 내용에 대해선 침묵합니다. 하지만, 예수의 말씀이 끝났을 때, 시몬은 예수를 "선생님"이라고 불렀습니다. 그전에는 예수를 부를 기회조차 시몬에게 없었습니다. 모든 것이 예수의 주도 하에 순식간에 진행되었기 때문에, 두 사람 간에 제대로 된 대화가 없었습니다. 아무튼, 그곳에 있던 사람 중 예수와 가장 가까운 곳에서, 시몬은 예수의 말씀을 처음부터 끝까지 정확하게 들을 수 있었습니다. 그렇게 말씀을 듣고 난 후, 시몬은 아무런 망설임 없이 예수를 "선생님"이라고 불렀습니다. 시몬의 관점에서, 하나님 말씀을 전하던 예수는 "선생님"이었고, 그것은 그에게 가장 적절하고 자연스런 호칭이었습니다.

하지만, 시몬이 자신의 생각을 억제하고 예수의 말씀대로 그물을 던졌을 때, 그래서 상상을 초월한 일이 벌어졌을 때, 시몬은 예수를 "주님"이라고 불렀습니다. 얼마 전, 그는 분명히 예수를 "선생님"이라고 불렀지만, 이제 그 호칭이 "선생님"에서 "주님"kyrios, Lord으로 바뀐 것입니다. 단지 말씀을 통해 자신의 정신을 풍요롭게 만드는 선생이 아니라, 자신의 삶과 생명을 지배하시는 주님이 된 것입니다. 단지 하나님의 말씀을 전하는 사람이 아니라, 그 자신이 하나님의 말씀임을 시몬이 깨달은 것입니다. 물론, 후에 시몬의 여러 실수와 배반의 경험을 고려할 때, 이 당시 예수에 대한 시몬의 인식이 얼마나 온전했느냐는 논쟁의 여지가 있지만, 적어도 이 시점부터 시몬이 예수를 선생님이 아니라 하나님으로 이해하기 시작했다는 사실만은 부인할 수 없습니다.

또한, 시몬은 자신을 "죄인"으로 고백합니다. 시몬이 주님의 부름을 받는 과정에서, 이 고백은 결정적 중요성을 지닙니다. 즉, 예수를 주님으로 고백하는 순간, 시몬의 눈에 자신이 죄인으로 보였다는 사실에 우리는 주목해야 합니다. 이 장면에서 예수는 한 번도 시몬의 죄를 지적하거나 시몬의 자백을 유도하지 않았습니다. 그러나 신비로운 체험을 통해 자신의 영적 눈이 열리자, 시몬은 예수를 선생이 아닌 주님으로, 즉 인간이 아닌 하나님으로 인식하게 되었고, 동시에 자신의 감추어진 실체도 정확하고 정직하게 자각한 것입니다. 이것은 위에서 인용한 이사야의 경험과 구조적으로 유사합니다. 스랍을 통해 하나님의 임재를 경험했을 때, 이사야는 자신의 입술이 더럽다는 사실을 깨달았습니다. 이제, 시몬이 성전이 아닌 배 위에서 똑같은 경험을 하게 된 것입니다. 인간이 하나님 앞에 서는 순간, 일체의 증거나 변론 없이 자동적·근원적으로 자신의 실체를 깨닫습니다. 그리고 자신이 죄인임을 고백합니다. 물론, 예수는 남의 범죄를 폭로하고 처벌하는 무자비한 형사나 검사가 아닙니다. 그분은 우리가 죄를 고백하며 두려움에 떠는 것을 만끽하는 가학성애자sadist도 아닙니다. 하지만, 그분 앞에 선 모든 피조물은 백일하에 드러나는 자신의 죄 때문에 절규할 수밖에 없습니다. 동시에, 이 처절한 자각과 절규는 죽음에 이르는 병의 신묘한 치료약입니다. 하나님의 도구로 부름받는 소명의 과정에서, 죄인으로서 자신의 실체에 대한 자각과 고백은 필수적인 요소입니다.

이 장면은 소위 '명목상의 기독교인' 문제를 보다 분명하게 이해하는데 도움을 줍니다. 오늘날 많은 사람이 예수를 '선생님'으로 이해하지만, '주님'으로 고백하는 데 실패하고 있습니다. 예수의 가르침을 진지하게 들은 사람은 그분이 정녕 위대한 사상가요 인류의 스승임을 쉽게 인정합니다. 이 대목에선 신앙의 여부가 문제 되지 않습니다. 정상적인 지능과 양심만 있다면, 모든 사람이 이런 결론에 도달할 수 있습니다. 개인적으로, 저는 사상가로서 예수의 가치를 부정하거나 비판하는 사람을 아직 만난 적이 없습니다. 하지만, 예수를 주님으로 인정하는 단계에 이르면, 상황은 급변합니다. 예수를 '하나님의 말씀을 전하는 자'로 인정하는 것과 '하나님의 말씀 자체'로 인정하는 것은 전혀 다른 문제입니다. 그 차이는 예수의 말씀만 들었느냐, 아니면 예수께서 그들의 눈앞에서 빈 그물에 가득 물고기를 채우는 기적을 목격했느냐의 차이에 있습니다. 예수의 가르침을 통해 정신의 각성을 체험한 사람과 예수를 통해 삶의 기적을 체험한 사람 사이에는 극복할 수 없는 차이가 발생합니다. 물론, 현재 한국 교회의 심각한 위험 중 하나는, 물질적·현세적 축복에 과도히 몰두하는 기복신앙입니다. 지성적 각성과 윤리적 책임은 간과한 채, 방언, 신유, 성공에 몰두하는 것은 분명히 위험하고 불행한 일입니다. 역으로, 예수에 대한 신학적 성찰과 윤리적 실천에 몰두하는 반면, 예수께서 병을 고치고 먹을 것을 공급하시는 체험이 부재할 경우, 우리는 결코 예수를 "주님"으로 믿고 따를 수 없습니다. 우리는 예수를 통해, 천국에 대해 배울 뿐 아니라, 그분을 통해 천국 자체를 체험해야 합니다. 그분은 선생뿐 아니라 주님이시기 때문입니다. 그분은 멋진 어록을 남기고 사라진 사상가가 아니라, 지금도 살아계신 하나님이시기 때문입니다.

    유학을 위해, 평소 존경하던 교수님께 추천서를 부탁했습니다.

추천서를 받기로 약속한 시간에 교수님 연구실로 찾아갔습니다. 추운 겨울 아침, 교수님은 손에 입김을 불며 추천서 봉투를 밀봉하고 계셨습니다. 추천서를 제게 건네주시면서, 교수님이 제게 말씀하셨습니다. "배 전도사님, 유학을 마치고 돌아올 때, 박사학위 외에, 하나님이 공부시켜 주셨다는 간증도 꼭 갖고 돌아오길 바랍니다. 당신의 머리가 좋아서 학위를 취득한 것이 아니라, 수많은 난관과 위기 속에서 주님이 도우시는 체험이 있어야 합니다. 어쩌면 그 체험이 학위보다 더 값진 보물일지 모릅니다." 저는 그 말씀이 수천만 원의 장학금보다 귀하게 들렸고, 세상의 어떤 말보다 큰 격려가 되었습니다. 교수님의 예언인지 축복인지, 그 후 7년간 저의 유학생활은 기적과 은총의 연속이었습니다.

　이처럼, 인간 예수 안에서 하나님의 아들을 본 시몬은 삶의 결정적인 변화를 체험했습니다. 바다 위를 강타한 거대한 폭풍 속에서도 기죽지 않던 그가, 무명의 청년 목수 앞에 무릎을 꿇었습니다. 두려움에 전율하며 자신을 떠나도록 간청했습니다. 자신을 죄인으로 고백하고, 예수를 주님으로 부르기 시작했습니다. 순식간에 벌어진 이 사건을 통해, 우리는 소명의 과정에서 통과해야 할 관문들을 발견합니다. 소명은 인간 '예수' 안에서 '그리스도'를 발견하는 과정입니다. 역사적 인물 예수를 "나의 주 나의 하나님"으로 고백하는 과정입니다. 이것은 오직 예수와의 '인격적 만남'을 통해서 가능합니다. 문헌이나 남의 입을 통한 간접경험만으론 결코 도달할 수 없는 지극한 신비입니다. 또한, 소명은 나의 죄를 자각하는 고통의 과정이기도 합니다. 세상의 법으로 입증하거나 세속의 논리로 설득할 수 없지만, 하나님 앞에 선 순간 영혼 속에서 무의식적으로, 아니 좀 더 정확히 표현하면, 의식은 너무나 멀쩡하지만 그 의식을 통제할 수 없는 신비의 상태에서 참회의 고백이 터져 나오기 때문입니다. 예수를 주님으로 부르고 자신을 죄인으로 고백하는 순간, 죽었던 영혼이 다시 살고 파괴되었던 하나님의 형상이 회복됩니다. 이것은 갈릴리 바다에서 그물이 찢어지도록 고기를 잡고, 광야에서 오병이어로 오천 명을 먹인 것보다 더 놀라운 기적입니다.

유학에서 돌아와 1년 반 동안 시간강사 시절을 보냈습니다. 학위를 받아도, 한국에서 자리를 잡기 어렵다는 소리는 유학 중에도 수없이 들었습니다. 하지만, 귀국 후 확인한 상황은 훨씬 더 열악했습니다. 제가 졸업한 신학교에는 동일 전공분야에서 여러 명의 선배가 한 자리를 놓고 오랫동안 기다리고 있었습니다. 모두 저보다 탁월한 분들이며 오랫동안 준비된 분들이라 저 같은 "꼬마"가 끼어들 틈이 없었습니다. 또한, 한국에서 대부분의 신학교는 동문들에게만 기회를 주기 때문에, 지원 자체가 매우 제한됩니다. 따라서 제가 속한 교단 신학교에서 자리를 얻지 못하자 갈 곳이 없었습니다. 현재의 경제적 어려움보다 더 힘든 것은 "아무리 오래 기다려도 별수 없다"라는 절망감이었습니다. 그렇게 미래가 불투명해지자 시간이 지날수록 마음이 초조해졌습니다. 공부를 위해 보낸 시간, 재정, 노력이 무의미해지는 시간이었습니다. 그렇게 1년 반을 보낸 어느 날, 저는 마침내 하나님께 "양털"을 던졌습니다.

"주님, 이번 12월 말까지 신학교에서 자리를 얻지 못하면, 교수의 꿈을 접겠습니다. 그리고 교회에서 사역하는 것으로 제 진로를 변경하겠습니다." 그것은 하나님을 향한 저의 분노였고 협박이었습니다. 정말, 완전한 절망 속에 이판사판으로 하나님께 덤빈 것입니다. 얍복 강가에서 야곱이 하나님과 한판 붙었듯이 말입니다. 저는 하나님께 기도했습니다. "주님, 크고 무리한 것 바라지 않습니다. 앉아서 연구할 방과 가르칠 학생들, 그리고 생계를 해결할 수 있는 최소한의 월급만 보장되면, 마라도라도 좋습니다. 한 번만 기회를 주세요. 제발." 제가 너무 불쌍했을까요? 기적이 일어났습니다. 그렇게 기도하던 어느 날, 동시에 두 대학교에서 연락이 왔습니다. 두 곳 모두 예상치 못한 곳이었습니다. 한 대학은 제법 알려진 4년제 종합대학교였고, 다른 한 곳은 무명의 작은 신학교였습니다. 두 곳에서 인터뷰를 했습니다. 큰 대학교에서는 저에게 장밋빛 미래를 약속했습니다. 작은 학교의 상황은 열악했습니다. 두 학교의 사회적 지명도, 연구여건, 무엇보다 연봉에 큰 차이가 있었습니다. 저는 지인들과 진로문제로 상의했습니다. 모든 분의 결론은 같았습니다. "이것은 생각할 가치도 없는 문제다. 무조건 그 종합대학교로 가라!" 그래서 저도 그렇게 결정했습니다.

그런데 마음을 결정한 순간, 이상한 일이 벌어졌습니다. 갑자기 제 마음에 이런 생각이 든 것입니다. "흥, 덕만이 너도 별수 없구나. 교인들과 학생들에게는 좁은 길로 가라고 협박하더니, 정작 너는 좁은 길을 버리고 큰길을 선택하는구나. 그러면 그렇지. 너라고 별 수 있겠니…." 저는 머리를 거세게 흔들며 저항했습니다. "아, 주님… 제가 뭘 어쨌다고요? 남들도 다 그렇게 삽니다. 제가 개종을 하는 것도 아니고, 제가 안 간다고 그 학교에 해를 끼치는 것도 아닙니다. 저, 유학생활하면서 그리고 지금까지 고생 많이 했습니다. 이젠 가족도 책임지고, 저만 바라보며 평생을 희생하신 어머니께도 보답해야 하지 않겠습니까?" 저는 그렇게 항변하며, 제 안의 불온한 생각을 지우려 했습니다. 그런데 그 생각이 좀처럼 사라지지 않았습니다. 거세게 부정하며 떨쳐내면 더 증폭된 소리로 돌아왔습니다. 하루에도 수백 번 마음이 바뀌었습니다. "그래, 그 작은 신학교로 가자! 쿨하게 결정하자. 아니야, 너 미쳤어? 그것은 유치한 만용에 불과해. 그냥 현실을 직시해. 너는 다르지 않아. 가족과 미래를 생각해. 이것은 죄가 아니야. 아무도 너를 비난하지 않아. 당연한 거야…."

그렇게 한 달이 지났습니다. 제 생애, 가장 고통스러운 한 달이었습니다. 그 사이에 두 학교에 못할 짓을 많이 했습니다. 매일 생각이 바뀌어서, "가겠습니다. 아니, 죄송합니다. 못 가겠습니다"를 수없이 반복했기 때문입니다. 정말, 우유부단함의 극치였습니다. 결국, 다시 주님 앞에 무릎 꿇었습니다. 그리고 마지막으로 기도했습니다. "주님, 당신이 결정해주세요. 당신이 원하는 쪽으로 제 마음을 기울여주세요. 그대로 순종하겠습니다." 그리고 잠자리에 들었습니다.

다음 날 아침, 한 대학에서 강의를 마치고 나오는데, 그 신학교에서 전화가 왔습니다. "교수님, 마음을 결정하셨어요?" 그 순간, 제 안에서 팽팽하게 긴장하며 버티던 마음의 바늘이 그 학교 쪽으로 "툭"하고 기울었습니다. 그리고 마음에 평안함이 밀려왔습니다. 저는 마침내 대답했습니다. "네, 교수님의 학교로 가겠습니다. 이것이 저의 최종 결정입니다. 다시 변덕은 없습니다." 그리고 그동안 힘들게 준비했던 다른 대학교의 지원서류들을 모두 폐기처분했습니다. 저의 마음이 다시는 흔들리지 않도록 말입니다. 그리고 제가 포기한 대학교의 총장님께 장문의 편지를 썼습니다. "만약 총장님의 대학교와 서울대학교가 동시에 저에게 선택할 수 있도록 주어졌다면, 저는 총장님 대학교를 선택했을 것입니다. 똑같은 이유에서, 총장님 대학교보다 열악한 학교에 갈 수밖에 없습니다. 저는 분명히 후회할 것입니다. 저도 인간이니까요. 하지만, 지금은 이렇게 할 수밖에 없습니다. 제 뜻이 아니라, 하나님의 뜻이기 때문입니다. 죄송합니다." 하지만, 저는 그 편지를 끝내 부치지 못했습니다. 송구스럽고 염치가 없어서 말입니다.

그 결정과정은 제가 통과했던 또 한 차례의 위험하고 고통스러운 시험이었습니다. 물론, 그 대학교에 가는 것이 잘못은 아닙니다. 이것은 옳고 그름의 문제가 아니라, 제 안에 존재하는 욕망의 실체에 관한 문제입니다. "보암직하고 먹음직하고 지혜로울만한 열매"를 탐하는 내 안의 죽지 않은 열망과 "자기를 부인하고 십자가를 지고 나를 따르라"라는 주님의 단호한 명령 사이에서, 저는 저의 실체를 적나라하게 목격한 것입니다. 아무리 교회를 오래 다니고 신학을 많이 공부해도 심지어 말씀을 열심히 전해도, 저는 여전히 욕망에 사로잡힌 존재임을 절감했습니다. 저는 언제든지 보암직한 것, 먹음직한 것에 손을 벌릴 준비가 되어 있습니다. 이생의 자랑, 안목의 정욕, 육신의 정욕에 늘 시달리며 삽니다. 정말, 주님의 은총 없이, 저란 존재는 어쩔 수 없는 "불쌍한 인간"에 불과합니다. 입으로 아무리 거룩한 말을 떠들어도, 마음속으로 아무리 성결한 삶을 꿈꿔도, 하나님의 은혜가 없다면, "울리는 꽹가리" "회칠한 무덤"에 불과함을 깨달았습니다. 기회만 주어지면, 상황만 조성되면, 저는 성서나 주님의 기준과 상관없이 욕망에 굴복합니다. 너무나 쉽고 자연스럽게 말입니다. 이번에는 주님의 도움으로 어려운 시험을 통과했습니다. 정말, 죽다 살아난 경험입니다. 하지만, 그 시험이 마지막 시험은 아니었습니다. 더 어려운 시험들이 계속 기다리고 있었습니다. 갈수록 태산입니다. 수없이 시험에 낙방했습니다. 그러면서 다시 시험시간을 맞고, 다시 도전하며 살고 있습니다. 그게 "내 마음의 법"과 "하나님의 법" 사이에서 갈등하며 사는 "곤고한 사람"의 운명입니다.

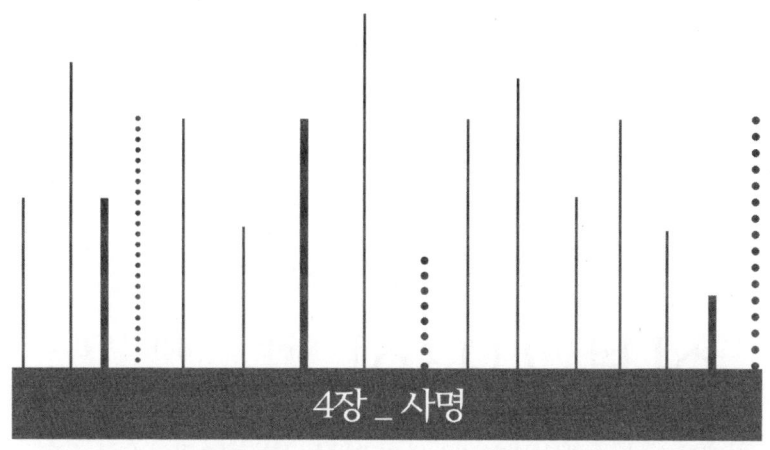

세베대의 아들로서 시몬의 동업자인

야고보와 요한도 놀랐음이라.

예수께서 시몬에게 일러 가라사대

무서워 말라 이제 후로는 네가 사람을 취하리라 하시니 눅5:10

# 어부 시몬이

예수를 만나면서 시작된 소명의 여정은 위기와 각성의 단계를 지나, 이제 사명의 지점에 이르렀습니다. 예수와의 우연적 혹은 필연적 만남은 즉각 그의 삶에 지극한 위기를 가져왔지요. 지금까지 자신의 삶을 지탱해준 자존심과 자신감이 뿌리채 흔들리고, 절대선이신 주님 앞에서 자신의 추악한 본질이 여실히 드러나는 경험을 통해, 순간적으로 그는 지옥의 심판대에 섰습니다. 하지만, 그 고통스러운 통과의례는 그를 절망의 나락 대신 각성의 은총으로 이끌었고, 마침내 그는 자신을 향한 하늘의 음성을 듣는 신비의 순간을 맞이했습니다. 무척 모호하고 당혹스러웠던 소명의 여정이 절정에 이른 것입니다.

# 대상

*"예수께서 시몬에게 일러 가라사대."*

시몬 주변에 다른 사람들이 보입니다. 최소한 야고보와 요한이 그 자리에 동석했던 것은 틀림없습니다. 그런데 이 맥락에서 주님은 다른 사람이 아닌 시몬에게 말을 겁니다. 뒤에 이어지는 "사람을 취하라"라는 명령도 오직 시몬에게만 떨어집니다. 주님은 시몬을 만나 여러 과정을 거친 후, 마침내 그에게 고유한 사명使命, mission을 주셨습니다. 물론, 그날 그 자리에 함께했던 시몬의 동료도 후에 주님의 제자들이 됩니다. 하지만, 이 순간, 주님은 그들을 한꺼번에 제자로 모집하거나 동원하지 않았습니다. 시몬 한 사람에게 관심을 집중하셨습니다. 다른 사람이 아닌, 오직 시몬에게, 오직 시몬을 위해, 그리고 오직 시몬이 감당할 일을 위해 말입니다. 그래서 다른 사람들도 곁에 있었지만, 일단 그들은 철저히 배제되고 시몬을 향해 사명이 선포되었습니다.

이렇듯 주님의 관점에서 소명은 철저히 '개인적·인격적'입니다. 이것이 소명의 절정을 구성하는 첫 번째 요소입니다. 이 땅에 수많은 사람이 존재하지만, 그들이 실타래처럼 뒤엉켜 살아가지만, 주님은 한 번도 그들을 덩어리로 취급한 적이 없습니다. 헝클어진 실타래 속에서도 한 올 한 올에 주목하고, 그들의 고유한 가치를 존중하며, 그들이 온전한 존재가 되도록 돕습니다. 그래서 그들이 당당하게 하늘나라의 구성원이 되게 하십니다. 물론, 예수도 수많은 무리 앞에서 말씀하신 적이 많습니다. 사실, 그분은 늘 무수한 사람에 둘러싸여 있었습니다. 다른 사람들이 예수께 쉽게 접근할 수 없을 정도로 말입니다. 하지만, 주께서 병을 고치고 생명을 구하고 삶을 변화시키고 제자를 부르실 때는 예외 없이 일대일로 인격적으로 하셨습니다. 성서 어디에도 이런 일을 집단적·기계적으로 처리했다는 기록이 없습니다.

예수께서 사람들에 둘러싸여 지나갈 때, 앞을 보지 못하는 바디매오가 소리쳐 그의 이름을 불렀습니다. 제자들은 그의 행동이 주께 방해가 된다며 그의 입을 막고 접근을 차단했습니다. 하지만, 그렇게 소란스럽고 분주한 상황에서, 예수는 그의 울부짖음을 들었고 그에게 다가가 그의 눈에 침을 바르셨습니다. 오늘날 대중적인 신유사역자들처럼, 집단적으로 치유를 선포하지 않았습니다. 간음 현장에서 발각되어 예수께 끌려온 여인이 있었습니다. 흥분한 군중이 그녀를 집단적으로 처형하려 했을 때, 그리고 그녀의 문제로 신학적 논쟁이 벌어졌을 때, 주님은 군중을 흩으시고 그녀와 독대하셨습니다. 그녀의 죄를 용서하고서, 다시는 죄를 범하지 말라고 당부하셨습니다. 예수께서 많은 무리에 둘러싸여 있을 때, 세리 삭게오가 그분을 보려고 뽕나무에 올랐습니다. 민족의 배반자로 경멸의 대상이었던 그를 예수께서 쳐다보셨습니다. 그리고 그의 이름을 불렀습니다. 다수의 군중 틈에 있었지만, 예수께 삭개오는 무리 속에 섞인 남이 아니었습니다. 그의 얼굴을 바라보고 이름을 부르는 모습에서, 사람에 대한 예수의 인격적 태도를 엿볼 수 있습니다. 어부 시몬을 제자로 부르는 광경에서, 우리는 예수의 인격적 모습을 다시 한 번 확인하게 됩니다. 예수의 제자 중, 어쩌다가 얼떨결에 혹은 다른 사람들과 함께 묶여 '끼워팔기'로 제자가 된 사람은 없습니다. 예수께서 직접 찾아가서 한 사람씩 똑같은 과정을 거쳐 제자로 삼으셨습니다.

거룩한 주님은 제자를 부르실 때, 그들에게 사명을 주셨습니다. 사명은 그들이 주님과 더불어 해야 할 일입니다. 그들이 주님을 따라 나서야 할 절대적 명분이며 분명한 목적입니다. 본문에서 주님은 그 사명을 당신의 입으로 '직접' 시몬에게 부여하셨습니다. 이것이 소명의 절정을 구성하는 두 번째 요소입니다. 주님을 통해 직접 사명을 받은 것입니다. 주님이 직접 말씀하셨기에, 혼란이나 오해의 소지가 없습니다. 간접적으로 타인에게 전해 들었다면, 알아들을 수 없는 언어와 기호로 표현되었다면, 정신이 몽롱하고 마음이 분주한 상태에서 들었다면, 오해와 혼란이 발생할 수밖에 없습니다. 그럴 경우, 하나님의 뜻이 왜곡되고 사역은 뒤틀리며 결과는 치명적입니다. 하지만, 주님은 시몬 앞에서, 시몬의 눈을 똑바로 바라보며, 시몬이 알아들을 수 있는 말로 당신의 뜻을 전하셨습니다. 그분의 뜻을 거부할 수는 있었어도, 그 말을 듣지 못했거나 오해할 여지는 전혀 없었습니다. 그래서 못 들었다고 발뺌할 수가 없었습니다. 오해했다고 변명할 수도 없었습니다. 다음에 하자고 뒤로 미룰 수도 없었습니다. 하나님이 주시는 사명은 그렇게 직접적이고 명쾌하며 정확하게 우리의 심령에 전달됩니다.

사람들을 많이 만나서 그들과 무수한 말을 나누면, 사람과 말에 신물이 날 수밖에 없습니다. 사람도 싫고 말도 귀찮아집니다. 더욱이 사람이 유명해지고 권세를 얻으면, 자신보다 미천한 사람들에게 함부로 대하기 쉽습니다. 자신보다 높은 지위의 사람들 앞에선 극도로 긴장하며 극존칭의 언어와 최상의 태도를 유지하지만, 정반대의 상황에 처하면 언어와 행동이 돌변합니다. 손가락으로 턱으로 심지어 발끝으로 지시합니다. 말하는 것도 아깝고 말을 섞는 것도 싫어합니다. 하지만, 주님은 사람들을 그렇게 분류해서 '처리' 하지 않으셨습니다. 손끝으로 사람을 '오라 가라' 한 적이 없습니다. 턱이나 발로 자신의 의사를 불쾌하게 표현한 적도 없습니다. 천한 목동과 거룩한 선지자를 구별하지 않았고, 남자와 여자를 차별하지 않았습니다. 천사를 대신 보내셨든, 자신이 직접 불꽃으로 현현하든, 하나님은 사람들에게 친히 말씀하셨습니다. 흑암 속에서 "빛이 있으라" 말씀하셨던 하나님께서 혼란과 불안 속에 떠는 당신의 사람들을 직접 만나셨고, 그들에게 그들의 언어로 당신의 뜻을 분명히 전하신 것입니다.

광야에서 하나님이 떨기나무 불꽃 가운데 모세를 만났습니다. 그 만남은 하나님이 모세를 부르시는 소명의 자리였습니다. 하나님이 모세를 만난 이유는 그에게 맡기실 일, 그를 통해 성취하실 일이 있었기 때문입니다. 그것은 에굽에서 신음하는 이스라엘 백성을 구하는 일이었습니다. 두려움에 떠는 모세에게 하나님은 친히 그 사명을 맡기셨습니다. 예루살렘 성전에서 이사야는 스랍들을 만났습니다. 그도 역시 극단적인 공포에 휩싸였습니다. 하지만, 천사들이 그에게 나타난 이유는 단지 그를 놀라게 하려는 것이 아니라, 그를 향한 하나님의 분명한 뜻이 있었기 때문입니다. 그것은 하나님을 대신해서 이사야를 이스라엘 백성에게 파송하는 것이었습니다. 이사야는 천사들을 통해 그 사명을 받았습니다. 처녀 마리아에게 가브리엘 천사가 나타났습니다. 마리아는 경악할 수밖에 없었습니다. 미천한 여인이 거룩한 천사를 보았으니 목숨을 부지할 길이 없었습니다. 하지만, 천사가 마리아를 찾아온 것은 그녀에게 맡길 하나님의 사명이 있었기 때문입니다. 인류를 구원한 구세주께서 그녀의 몸을 통해 탄생하셔야 했기 때문입니다. 이처럼 하나님이 계획하신 일을 이루려고, 하나님은 사람들을 부르십니다. 그리고 그들이 해야 할 일, 즉 사명을 직접 맡기십니다.

유학에서 돌아온 직후에 있었던 일입니다. 저는 한 교회에 교육목사로 섬기게 되었습니다. 저는 한국에서 다시 사역을 시작하면서 기대와 의욕이 충만했습니다. 그런데 첫 사례비를 받고 매우 실망했습니다. 제가 예상했던 것보다 턱없이 적었기 때문입니다. 순간적으로 기분이 상하고 의욕이 꺾였습니다. 그러면서 다짐했습니다. "돈 받는 만큼만 일해야지. 이게 뭐야! 사람을 무시해도 정도가 있지…." 마침, 다음 날이 주일이라 교회에 갔습니다. 교회 사무실에 들어갔을 때, 옛 신학교 은사님께서 앉아계셨습니다. 오래전에 은퇴하신 교수님은 제가 섬기던 교회의 협동 목사님이신데, 오랜만에 교회사

무실에 들르신 것입니다. 저는 교수님께 다가가 인사를 드렸습니다. 교수님은 제게 잠시 앞에 앉으라 하시더니, 이렇게 말씀하셨습니다. "배 목사, 교회가 돈 조금 준다고 삐치지 말고 열심히 사역하게. 자네는 목사니까 말씀을 전할 기회가 있으면 소록도까지 달려가고, 동시에 학자니까 밤을 새우며 글을 쓰게." 저는 온몸에 소름이 돋았습니다. 제가 사례비 때문에 기분이 상한 것은 아무도 모르는 저만의 일이었습니다. 그런데 그 교수님께서 마치 제 속을 꿰뚫고 계신 것처럼 그 문제를 건드리시고, 후배 목사가 해야 할 일의 핵심을 집어주신 것입니다. 저는 그분의 말씀을 하나님의 말씀으로 받았습니다. 깊이 회개하고 마음과 태도를 바꾸었습니다. 그날 하나님께서 제게 그 교수님을 보내시어, 제가 감당해야 할 새로운 사명을 주셨다고 믿습니다.

사실, 우리의 삶은 얼마나 비인격적입니까? 삭막한 생존경쟁의 정글에서, 현대인들은 돈, 섹스, 권력을 위해 자신들의 영혼을 파는 파우스트들로 전락하고 있습니다. 이런 현상은 단지 세속의 도시뿐 아니라 교회 안에서도 시대적 사조, 지배적 문화가 되고 있습니다. 인격적 공동체는 익명성과 집단성의 마법에 걸려 본래의 정체성과 생명력을 상실하고 있습니다. 거대해진 교회에서 성도 간에 이름도 모르는 처지가 되었습니다. 목회자가 성도들의 이름, 얼굴, 삶도 모르는 경우가 비일비재합니다. 익명성의 비극입니다. 동시에, 목회자가 제왕적 권력을 독점하는 교회, 당회의 권한이 지나치게 비대한 교회에는 오직 한 사람의 혹은 한 무리의 뜻과 명령이 있을 뿐입니다.

성도들의 의견意見이나 이견異見은 존재할 수 없습니다. 큰 형님Big Brother의 뜻, 상부의 명령, 조직의 힘만 존재할 뿐입니다. 집단성의 저주입니다. 이런 구조와 문화 속에 진행되는 교회활동은 하나님과 아무런 상관이 없을 때가 많습니다. 종교와 하나님의 이름을 빙자한 사이비 종교집단, 종교적 조폭으로 변질할 가능성도 농후합니다.

  하나님의 뜻을 헤아리는 종교, 예수의 삶을 닮아가는 교회는 서로 얼굴을 바라보고, 서로 이름을 불러주며, 함께 식탁을 나눔으로써 인격적 의사소통이 가능합니다. 예배당 안에서 서로 얼굴을 쳐다볼 의지가 없는 곳은 교회가 아닙니다. 서로 얼굴을 쳐다보고 손을 마주 잡을 수 없는 곳은 교회가 아닙니다. 서로 이름을 기억하고 따뜻하게 불러줄 수 없다면, 그곳도 이미 교회가 아닙니다. 함께 둘러앉아 속내를 드러내고 삶을 나눌 수 없다면, 서로에게 사랑을 고백하고 용서와 지혜를 구할 수 없다면, 그곳도 교회는 아닙니다. 그런 곳에선 온전한 믿음의 고백, 진정한 경배와 찬양, 그리고 참된 성도의 교제가 존재할 수 없기 때문입니다. 사람들 간에 담이 쌓이고 성도와 하나님 사이에 골이 깊어질 뿐입니다. 이런 현실에서, 시몬을 향해 친히 말씀하시는 주님의 모습이 서럽도록 그립습니다. 진지하고 다정하게 우리의 이름을 부르시는 인격적 주님께 우리도 정성을 다해 "네"라고 답해야 할 것입니다. 곁에 있는 형제자매를 향해, 우리도 예수처럼 따뜻한 눈길로 바라보고 정직한 언어로 대화해야 할 것입니다. 이것이 우리를 부르시는 인격적 주님께 우리가 반응하는 최소한의 예절입니다.

# 위로

"무서워 말라"

성서는 예수를 빛이라고 선언합니다.요1:4 빛이신 주님 앞에 선 시몬은 자신 안에서 어둠을 보았습니다. 성서는 예수를 생명의 떡, 생명의 물로 정의합니다. 생명이신 주님을 대면하면서, 시몬은 자신 안에 있는 죽음의 그림자를 발견했습니다. 이런 자각은 공포의 심연으로 그를 추락시켰습니다. 그 순간은 물리적으로 찰나였지만, 정서적으론 그에게 영원보다 길게 느껴졌습니다. 더욱이 그 두려움의 나락에서 스스로 탈출할 수 없다는 인식은 "죽음에 이르는 질병"이 되어, 그의 영혼이 호흡을 멈춘 듯했습니다. 우주에 존재하는 모든 빛이 심연 속에 감추어진 미세한 죄의 먼지까지 들추어내는 것 같았고, 우주에 존재하는 모든 소리가 최대 볼륨으로 "너는 죄인이야!"라고 폭로하는 것 같았습니다. 어떻게 이 절망을 감당할 것인가? 어떻게 이 공포를 벗어날 것인가? 정녕, 어떻게 이 위기를 극복할 것인가? 그야말로 사면초가, 절체절명의 위기입니다.

바로 그 순간, 그의 영혼을 깨우는 소리가 들렸습니다. "무서워 말라!" 하나님이신 예수 앞에서 인간이 자신의 죄를 자각하는 것은 자연스런 현상입니다. 자신의 죄를 자각한 인간이 하나님 앞에서 두려움에 떠는 것은 더 자연스러운 반응입니다. 하지만, 그 두려움은 극복해야 할 원죄의 흔적이지, 벗어날 수 없는 저주의 올무는 아닙니다. 사실, 하나님은 공포의 대상이 아닙니다. 공포는 하나님의 본질도 하나님의 창조물도 아닙니다. 하나님은 인간의 고통을 만끽하는 흉물스런 신이 아닙니다. 하지만, 하나님을 거부한 인간 안에 죄의 결과로 두려움이 발생했습니다. 공포에 짓눌린 인간들에 의해 이 세상에 공포의 그림자가 짙게 드리웠습니다. 사탄에게 속아 하나님의 뜻을 거역했던 아담과 하와는 두려움에 사로잡혀 하나님의 낯을 피했습니다. 모세가 떠나고 나서 그의 자리를 물려받은 여호수아는 자신에게 맡긴 막중한 책임에 두려워 떨었습니다. 골리앗의 블레셋 군대가 침략하자, 작고 힘없는 이스라엘 민족은 공포에 눌려 허둥댔습니다. 두려움은 타락한 세상에서 악하고 약한 인간에게 주어진 피할 수 없는 운명입니다. 두려움은 한계상황에서 유한한 인간이 경험하는 원죄의 흔적입니다.

이런 상황에서, 예수는 인간의 몸을 입고 이 땅에 태어났습니다. 예수 탄생의 의미와 목적을 천사들은 이렇게 공포했습니다. "지극히 높은 곳에서는 하나님께 영광이요 땅에서는 하나님이 기뻐하신 사람 중에 평화로다."눅2:14 하나님은 이 땅에 '평화의 주'로 오신 것입니다. 예수는 제자들에게 이렇게 말씀하셨습니다. "평안을 너희에게 끼치노니 곧 나의 평안을 너희에게 주노라. 내가 너희에게 주는 것은 세상이 주는 것과 같지 아니하니라. 너희는 마음에 근심하지도 말고 두려워하지도 말라."요14:27 주께서 제자들에게 주고 싶었던 최고의 선물이 바로 평안이었던 것입니다. 이것은 세상에서 발견할 수도 얻을 수도 없는 주님만의 고유한 축복입니다. 또한, 예수께서 부활하시고 나서 두려움에 떨던 제자들에게 제일 먼저 주신 말씀도 "샬롬"이었습니다. 이 땅에서 두려움을 몰아내고 평화의 나라를 세우도록 예수는 부활하실 수밖에 없었는지 모릅니다. 말씀으로 어둠 속에 빛을 창조하신 주님만이 인간 안에서 공포의 그늘을 말씀으로 제거하실 수 있습니다. 죄와 사망에서 부활하신 주님만이 죄와 사망의 사슬에 묶인 인간에게 용서와 해방을 선포하실 수 있습니다. 평화의 성령만이 인간을 불안과 근심의 덫에서 자유롭게 하실 수 있습니다.

교회 이전 문제로 마음이 혼란했던 때가 있었습니다. 성도들에게 이 프로젝트는 돈이 아니라 믿음의 문제라고 큰소리쳤지만, 정작 혼자 있을 때는 감당해야 할 재정적 부담 때문에 마음이 무거웠습니다. 정작 믿었던 분의 약속이 어그러지면서 마음의 부담은 고통으로 변했습니다. 하지만, 애써 아무렇지도 않은 듯이 행동했습니다. 그런 와중에 태안에 설교하러 떠났습니다. 운전하는 3시간 동안, 마음은 곧 시작될 집회보다 교회이전에 대한 고민으로 가득했습니다. 어떻게 운전을 했는지, 지나온 길의 풍경은 어땠는지 아무런 기억이 없었습니다. 다만, 어떻게 아직 이전에 충분히 동의하지 않은 성도들을 설득할지, 날짜 안에 잔금을 치르고 교회 이전에 따른 비용들을 충당할지, 그리고 그 이후의 증가한 월세는 어떻게 감당할지에 대한 걱정으로 마음이 온통 먹구름이었습니다. 그렇게 2시간 반 정도가 지났을 때 비로소 저는 기도하기 시작했습니다. 무거운 머리를 흔들면서 하나님의 이름을 부르기 시작했습니다. 순간, 저도 모르게 제 입에서 이런 소리가 터져 나왔습니다. "덕만아, 다시는 고민하지 말라. 주께서 이루시리라. 반드시 이루시리라." 열 번도 넘게 이 선포가 반복되었습니다. 아마도 마음속에 가득 찬 두려움을 떨쳐 내려는 제 영혼의 절규였는지 모르겠습니다. 저녁 집회를 무사히 마친 후, 함께 기도하는 시간이 있었습니다. 기도가 끝나갈 무렵, 기도 인도자가 주님의 위로를 바라며 침묵으로 기도하자고 제안했습니다. 그렇게 침묵으로 기도하던 제 마음속에 이런 생각이 들었습니다. "덕만아, 힘들지? 힘들면 힘들다고 해. 주님께 너의 짐을 내려놔. 그분이 도와주실 거야. 혼자 몸부림치다 쓰러지지 말고, 힘들면 힘들다고 주님께 고백해. 그렇게 해." 저는 그 목소리에 따라 주님께 고백했습니다. "주님, 저 힘들어요. 정말 힘들어요. 도와주세요." 그렇게 저는 주님 앞에서 한참 동안 울었습니다. 눈물의 기도를 마쳤을 때, 제 마음에 다시 한 번 주님의 평화가 밀려들었고, 다시 도전할 힘과 용기를 얻었습니다.

지금 배 안에서 시몬이 당면한 상황도 똑같습니다. 사람을 낚는 어부, 즉 생명을 구원하는 주님의 제자가 되려면, 시몬이 반드시 해결해야 할 문제가 있었습니다. 그것은 그의 존재 안에 내재해 있고 예수와의 만남을 통해 폭발한 근원적 두려움을 치유하고 극복하는 것입니다. 자신이 죄인임을 자각하고 두려움에 떨던 그에게 가장 필요한 것은 사죄와 위로였습니다. 동료 죄인들의 푸념과 넋두리가 아니라, 하나님의 용서와 격려 말입니다. 이것은 오직 평화의 왕이신 주님의 말씀으로 해결될 수 있는 문제입니다. 바로 그 절체절명의 순간에 천둥보다 큰 소리로 가뭄 뒤에 내린 단비처럼 반갑게 주님의 음성이 들렸습니다. "두려워 말라." 자기를 죽음보다 섬뜩한 죄의 자각과 공포로 몰고 갔던 바로 그 예수께서 그에게 선포하신 샬롬의 '축도'입니다.

공포에 휩싸인 존재는 평화를 선포할 수 없습니다. 근심에 짓눌린 사람은 샬롬을 증거 할 수 없습니다. 걱정으로 잠들지 못하는 목사가 평안의 메시지를 전할 수 없고, 불안으로 충만한 교회가 세상을 위로할 순 없겠지요. 내가 먼저 두려움의 상처에서 치유된 후에야, 비로소 타인의 두려움을 감당할 수 있습니다. 역으로, 상처 난 영혼이 평화의 사도로 사역할 수 없습니다. 오히려 근심과 공포의 매연을 세상에 뿜어낼 뿐입니다. 이것은 불변의 진리입니다. 따라서 시몬이 세상에 평화를 전하는 사도로 사역하려면, 먼저 그 안에 잠재된 공포의 트라우마를 치유해야 합니다. 그가 평범한 어부에서 세상을 구원하는 평화의 사도로 변모하려면, 그를 장악한 두려움에서 먼저 벗어나야 합니다. "두려워 말라"라는 주님의 말씀은 공포에 눌린 시몬을 치유하는 생명의 말씀이었습니다. 이렇게 시몬은 치유되고 사명자로 거듭났습니다.

이 시대의 치명적 질병 중 하나는 공포입니다. 신학자 폴 틸리히 Paul Tillich의 주장처럼, 이 시대는 불안과 근심으로 공포에 떨고 있습니다. 술과 마약의 범람뿐 아니라, 보험사와 병원의 번영은 이 시대가 공포에 감염되었다는 명백한 증상입니다. 이런 증상은 교회 안에서도 똑같이 감지됩니다. 사실, 공포는 인간이 종교에 귀의하는 근원적 동기 중 하나입니다. 하지만, 종교 안에서 공포가 긍정적으로 극복되지 않을 때, 그 공포가 종교를 변질시킵니다. 타락한 성직자들은 공포를 교인들의 삶을 기만적으로 통제하는 심리적 기제로 악용합니다. 심리적으로 건강하지 못한 신자들은 공포 때문에 권위주의적 성직자에게 과도히 종속되어, 삶이 더욱 악화할 수 있습니다. 이단·사이비 집단일수록 이런 성향이 강합니다. 심리적 두려움과 실존적 불안에 사로잡힌 사람들로 구성된 종교집단은 세상을 구원하는 방주 대신, 정신질환자들의 요양원이나 수용소로 전락할 가능성이 농후합니다.

이런 공포의 부정적 현상은 성직자들 안에서도 쉽게 발견할 수 있습니다. 이런 세속의 시대에, 기독교의 평판이 급속도로 추락하는 사회에서, 목회를 꿈꾸는 것 자체가 승률 낮은 도박에 베팅하는 것과 같습니다. 거룩한 헌신이나 당찬 모험이 아니라, 무모한 도박이요 황당한 실수처럼 보일 뿐입니다. 그래서 흥분 속에 신학교에 왔지만, 목회를 시작하면서 불안에 사로잡힙니다. "이미 믿을 사람은 다 믿었다." "개척교회는 이제는 생존할 수 없다." "건물, 사람, 돈이 없으면 목회는 불가능하다." "박사학위나 유학경험이 없으면 목회는 꿈도 꾸지 마라." "농촌목회의 시대는 끝났다. 무조건 도시에서 버텨라." 모두가 현실의 참담한 실패에 근거한 정직한(?) 조언들입니다. 하지만, 이런 발언들 근저에는 목회 현실에 대한, 목회 자체에 대한 근원적 두려움이 자리하고 있습니다. 목회자들이 떠는 것입니다. 공포에 휩싸인 목회자들로부터 무엇을 기대할 수 있겠습니까? 정말,

'악화가 양화를 구축' 하는 기막힌 악순환이 반복될 뿐입니다. 겸손과 공포는 다릅니다. 무능과 공포도 같지 않습니다. 겸손과 무능은 우리를 하나님과 더욱 밀착시키고 우리 안에 주님의 능력이 더 크게 나타날 기회가 됩니다. 하지만, 공포는 우리를 바보로 만듭니다. 공포는 우리와 주님의 관계를 가로막을 뿐 아니라, 우리가 하나님의 일꾼이 될 수 없도록 집요하게 방해합니다. 정말, 공포는 이 시대가 가장 절실하게 해법을 찾는 치명적 질병입니다. 이 공포의 근본적 해법은 돈, 섹스, 권력이 아닙니다. 그 질병은 주께서 우리를 향해 "두려워 말라"라고 말씀하실 때, 샬롬의 복음이 우리 심령에 닿을 때, 근원적으로 치유될 수 있습니다. 진정한 '힐링'은 그렇게 시작됩니다.

# 시간

## "이제 후로는"

예수를 만나기 전 시몬의 삶에 대해 성서는 침묵합니다. 덕택에, 우리는 시몬에 대해 아는 것이 거의 없습니다. 성서에 흩어져 있는 단편적 정보들을 토대로 추측해 볼 때, 그의 직업이 어부였고 이미 결혼했다는 것 정도가 우리가 아는 전부입니다. 그렇다면, 성서가 그의 과거에 대해 침묵하는 이유는 무엇일까요? 정보의 부족 탓일까요? 관심의 부재 때문일까요? 아니면 중요하지 않기 때문일까요? 물론, 우리는 정답을 모릅니다. 하지만, 저는 예수께서 시몬의 과거보다 그의 미래에 더 많은 관심과 무게를 두셨기 때문이라고 생각합니다. 예수께서 시몬의 과거를 모르셨을 리 없습니다. 모든 인간에게 과거는 중요하며 마음대로 지울 수도 없습니다. 하지만, 예수에게는 시몬의 과거보다 그의 미래가 더 중요했던 것 같습니다. 갈릴리의 어부로 살았던 그의 '옛 사람'보다, 장차 사람을 낚는 어부로서 그의 '새 사람'에 더 큰 관심이 있었던 것 같습니다.

물론, 성서는 과거를 무시하지 않습니다. 오히려, 성서는 과거를 대단히 중요하게 생각합니다. 성서가 존재한다는 것 자체가 역사의 중요성을 단적으로 증언합니다. 예를 들어, 구약성서는 이스라엘 백성에게 출애굽의 '기억'을 되새기는데 많은 관심을 보입니다. 수많은 예언자가 출현해서 타락한 백성에게 경고의 메시지를 전합니다. 그들이 활동한 시대와 지역이 달랐지만, 그들은 예외 없이 하나님이 그들의 조상에게 행하신 과거의 행적을 상기시킴으로써, 그들이 현재 범하는 죄에서 돌이키도록 촉구합니다. 특히, 장막절 같은 여러 절기를 충실히 지킴으로써, 이 민족이 공유하는 역사적 교훈을 기념하고 자녀를 교육합니다. 그들이 토라모세오경에 절대적 의미를 부여하고, 그것을 수천 년 동안 충실히 보존해 왔다는 사실 자체가 그들이 역사를 얼마나 중시했는지에 대한 명백한 증거입니다.

사실, 이스라엘은 과거지향적 민족입니다. 물론, 그들이 도래할 메시아를 기다렸지만, 그 미래의 메시아의 주된 사명은 이 민족의 옛 영광을 회복하는 것입니다. 이스라엘이 기억하는 하나님은 아브라함, 이삭, 야곱의 하나님입니다. 그들은 모세, 다윗, 솔로몬, 엘리야 시절을 자신들의 기억 속에서 끊임없이 재생합니다. 어쩌면 오랫동안 바벨론, 앗수르, 페르시아, 로마 같은 강대국의 식민지로 살아오면서, 그런 억압의 현실을 스스로 극복할 수 없는 상태에서, 그리고 메시아에 대한 소망이 자꾸만 희미해지면서, 찬란했던 과거를 추억하는 것은 지극히 자연스러운 현상입니다. 따라서 그들은 과거청산, 과거와의 단절, 혹은 과거의 창조적 극복 대신, 억눌린 현실 속에서 사라진 과거에 집착하며 살았습니다. 어쩌면 그것은 절망적 현실에서 그들에게 허용된 유일한 저항의 수단이었는지 모릅니다. 늙고 기운 없는 이스라엘의 서글픈 현실이었습니다.

그런데 시몬을 자신의 제자로 부르는 장면에서, 예수는 전혀 다른 모습을 보여줍니다. 그야말로, 새 부대에 새 포도주를 담으려는 것입니다. 즉, 예수는 시몬의 과거를 묻지 않았습니다. 집안배경, 가족상황, 재산정도, 교육수준, 신앙색깔, 과거경력, 질병기록 등 그의 과거에 대해 아무런 관심도 보이지 않았습니다. 예수의 유일한 관심은 지금부터 전개될 그의 새로운 삶입니다. 예수를 만나기 전의 시몬은 예수와 상관없는 존재였습니다. 중요한 것은 "지금 자신을 만난 시몬이 이 시간부터 어떤 인간으로 사느냐?" 하는 것입니다. 지금 벌어지는 사건을 통해, 시몬이 어떤 존재로 거듭나며, 그 이후 예수 자신과 더불어 어떤 존재로 살아가느냐가 정말 중요했습니다. 물론, 인간으로서 어부 시몬과 제자 베드로는 여전히 같은 인물입니다. 하지만, 이 순간을 기점으로 시몬은 이제 과거와 같은 사람일 수 없습니다. 생물학적으로, 그는 갈릴리 출신 시몬이지만, "이제 후로는" 제자 베드로란 전혀 다른 존재가 될 것입니다. 이 맥락에서, 예수의 관심은 어부 시몬에서 제자 베드로로 이동합니다. 그래서 예수께서 시몬에게 "과거에는"이라고 말하지 않습니다. 그가 한 말은 "이제 후로는"이었습니다.

이처럼 예수는 과거의 족쇄에 붙잡힌 사람들에게 새로운 미래를 열어준 분이었습니다. 그분의 존재와 사역 자체가 뒤틀린 과거의 종말, 창조적 미래의 실현이었습니다. 그를 만났던 사람들은 끔찍한 과거 때문에 하루하루가 지옥 같던 사람들이었습니다. 삭게오는 동족의 피를 빨아먹던 매국노였습니다. 사마리아 여인은 남자관계가 복잡했던 부정한 여인이었습니다. 바디매오는 평생 구걸해온 시각장애인이었습니다. 심지어 나사로는 사흘 전에 죽었습니다. 예수께서 그들을 만났을 때, 예수는 한 번도 그들의 과거를 들추지 않았습니다. 그들의 부끄러운 과거를 지적하며 뼈저린 회개를 촉구하지도 않았습니다. 하지만, 예외 없이, 그들은 예수와의 만남을 통해 과거와 철저히 결별했습니다. 올림푸스산에서 프로메테우스의 심장을 파먹던 독수리처럼, 그들을 잔인하게 괴롭히던 과거라는 저주에서 완전히 해방되었습니다. 삭게오는 자신의 부끄러운 과거의 상징인 금고를 열었습니다. 사마리아 여인은 영원한 생수를 발견하고 일생 자신을 괴롭혀온 영혼의 갈증에서 벗어났습니다. 바디매오는 눈을 떴고, 나사로는 살아났습니다. 그렇게 그들은 예수를 통해 과거와 단절하고 새로운 미래를 맞이한 것입니다.

인터넷에서 읽은 이야기입니다. 조지 헬Hell:지옥은 이름 그대로 악명이 높았습니다. 부도덕하고 탐욕스럽고 야비했습니다. 행동만큼이나 얼굴도 흉측했습니다. 어느 날, 그는 제니 미어라는 여인을 만나 사랑에 빠졌습니다. 제니는 성품이 우아한 여인이었기 때문에, 조지가 사랑을 고백해도 그녀가 자신의 정체를 안다면 차갑게 거절할 것이 분명했습니다. "안 되겠다." 그는 최고의 가면 제작자를 찾아가서 밀랍으로 성자의 가면을 맞추었습니다. 이 가면은 아주 정교해서 진짜 얼굴같이 보였습니다. 가면을 쓰자 본래 얼굴과 달리 아주 착해보였습니다. 제니도 그가 조지 헬이라는 걸 눈치 채지 못했고, 둘은 열렬한 연애 끝에 결혼했습니다. 결혼하고 나서도 조지 헬은 자신의 본 모습을 감춘 채, 최대한 너그럽게 보이려고 애를 썼습니다. 그는 자신의 재산을 사람들에게 나누어주면서 착한 일을 거듭했지만, 죄책감과 두려움에 시달렸습니다. 조지 헬과 지난날을 같이했던 옛 연인에게 그런 모습은 사기행각으로밖에 보이지 않았습니다. 마침내 그녀는 부부를 찾아가 아내가 보는 앞에서 남편의 사악한 정체를 폭로하고 가면을 벗겨 냈습니다. 그런데 가면이 벗겨졌을 때, 예전의 흉측하던 조지 헬의 모습이 보이지 않았습니다. 가면 밑의 생김새도 어느새 한없이 착해 보이는 얼굴로 변했던 것입니다. 그렇게 조지 헬의 과거는 옛 얼굴과 함께 사라지고, 새 얼굴로 새 삶을 시작할 수 있었습니다.

오늘날, 우리도 과거에 묶여 살아갑니다. 저주받은 사망의 몸처럼, 우리는 과거에서 벗어나지 못한 채 과거의 지배 아래 놓여 있습니다. 특히, 사람을 대할 때, 사람을 선택할 때, 우리의 관점과 기준은 지극히 과거 중심적입니다. 창조적 미래를 꿈꾸면서 용감하게 도전과 실험을 시도하는 대신, 안전한 미래를 위해 과거의 기록을 뒤지고 그 기억에 집착합니다. 대학에서 신입생을 선발할 때, 직장에서 신입사원을 채용할 때, 우리는 지원자들의 졸업장과 이력서를 일차적으로 검토합니다. 범죄의 용의자를 추적할 때, 우리는 전과기록을 제일 먼저 확인합니다. 심지어 결혼상대를 결정할 때도, 집안배경을 먼저 물어봅니다. 따라서 과거의 흔적은 시공을 초월하여 미래에 지속적으로 영향을 끼칩니다. "한 번 해병은 영원한 해병"이란 구호처럼, 우리의 과거는 역사적 DNA가 되어 우리의 미래마저 결정합니다.

하지만, 이런 역사결정론은 하나님의 형상을 지닌 인간에게 무서운 저주입니다. 물론, 미래를 내다볼 능력이 부족한 인간에겐 이미 드러난 과거의 기억이 유일하게 참조할 수 있는 정보입니다. 역사는 현재를 판단하고 미래를 예측하는데 대단히 중요하고 유용한 가치와 효능을 갖습니다. 동시에, 그것은 인간 안에 있는 무한한 가능성과 능력을 원천적으로 봉쇄하고 방해하는 결정적 장애물이기도 합니다. 천민출신이지만 자수성가하여 명문대가를 이룬 사람들은 부지기수입니다. 현대그룹을 세운 정주영 회장이 그렇습니다. 신체적 장애를 갖고 태어났지만 여러 영역에서 명성을 얻은 사람들이 많습니다. 장영희 교수가 그렇습니다. 한때는 무명이었지만 뒤늦게 스타가 된 사람들도 얼마든지 있습니다. 배우 황정민이 그렇습니다. 젊은 시절에 무수히 실패했지만 결국 대성공을 거둔 사람들도 적지 않습니다. 노무현 대통령이 대표적입니다. 그들 모두 과거와 단호하게 단절하고 용감하게 다시 시작한 사람들입니다. 어두운 과거를 밝은 미래로 역전시킨 사람들입니다. 그들이 자신들의 실패한 과거에 집착하여 새로운 미래를 위해 현재와 용감하게 싸우지 않았다면, 그들의 찬란한 미래는 없었을 것입니다. 예수의 말씀, "이제 후로는"이 천둥처럼 우리 가슴에 울리는 이유입니다.

# 사명

## "사람을 취하리라"

마침내 시몬이 사명을 위임받았습니다. "네가 사람을 취하리라," 이 순간을 위해 그토록 치열하고 위험한 내적 갈등을 거친 것일까요? 이 장면이 다른 성서에선 "사람을 낚는 어부가 되리라"라고 표현되었습니다.<sup>마4:19</sup> 평생 물고기를 잡으며 살아온 그에게 이제부터는 '물고기' 대신 '사람'을 낚으라는 것입니다. 외형적으로는 비슷한 일을 지속하는 듯하나, 본질적으로 전혀 다른 일을 그에게 맡겼습니다. 시몬의 삶은 이 순간부터 완전히 다른 방향으로 전환되었습니다. 바울의 선언처럼, "누구든지 그리스도 안에 있으면 새로운 피조물이라. 이전 것은 지나갔으니 보라 새것이 되었도다."<sup>고후5:17</sup> 정말 그렇습니다. "네가 사람을 취하리라"라는 예수의 말씀과 함께 시몬의 과거는 막을 내리고 예수 안에서 새로운 피조물로 그의 삶이 다시 시작되었습니다. 그렇게 시몬은 주님의 부름소명을 받았습니다. 여기서 우리는 몇 가지 중요한 교훈을 발견합니다.

먼저, "사람을 낚는 어부가 되리라"라는 예수의 말씀에서, 시몬의 새로운 삶이 과거의 경험을 토대로 전개된다는 사실을 주목하게 합니다. 즉, 예수께서 시몬을 당신의 제자로 부르실 때, 시몬의 과거를 중요한 접촉점으로 삼으셨습니다. 이것을 토대로, 그에게 주어진 사명을 설명하고, 그 사명의 목적과 가치를 이해시킨 것입니다. 시몬의 경우, 그는 전업 어부였습니다. 그가 가장 오랫동안 했던 일, 그가 가장 잘하는 일, 그가 가장 잘 아는 일이 '고기잡이'였습니다. 예수는 바로 이것에서부터 시작하셨습니다. 장차 시몬에게 하나님이 주신 사명도 어떤 의미에서 고기를 잡는 것과 비슷합니다. 대신, 잡아야 할 대상이 '물고기'에서 '사람'으로 바뀔 뿐입니다. 어떤 면에서 이것은 전혀 낯설고 새로운 일처럼 보이지만, 두 일 사이에는 근본적인 연속성 혹은 일치점이 존재합니다. 그래서 이 새로운 일에 시몬이 적격입니다. 이처럼 주께서 당신의 사람을 부르실 때, 그에게 새로운 사명을 맡기실 때, 그의 과거를 신중하게 고려하여 창조적으로 사용하십니다.

예를 들어, 모세는 바로의 왕실에서 40년을 살았습니다. 그리고 어느 날 살인죄를 범하고 광야로 쫓겨났습니다. 왕실의 삶과 광야의 삶은 너무나 달랐습니다. 도대체 왜 이렇게 극단적으로 이질적인 삶을 살아야 했을까요? 오랫동안 모세 자신도 모든 상황을 제대로 이해할 수 없었습니다. 그런데 후에 하나님이 히브리 민족을 애굽에서 구원하실 때, 히브리인들 중 모세를 부르셨습니다. 바로에게 대항해 출애굽을 성취하려면 애굽 왕실에 대한 정보와 경험이 필요했습니다. 종살이하던 히브리인들 중 바로에 대한 정보와 경험을 소유했던 인물은 오직 모세뿐이었습니다. 또한, 출애굽한 히브리인들이 40년간 광야에서 살아야 했을 때, 애굽에서만 살았던 히브리인들 중 광야를 경험했던 자도 모세 외엔 없었습니다. 결국, 이 위대한 사건을 수행할 지식과 경험을 겸비한 인물은 오직 모세뿐이었던 것입니다. 물론, 장차 그가 출애굽부터 가나안입성 직전까지 40년간 이스라엘민족을 이끌며 발휘한 능력은 과거 80년의 삶과 비교할 수 없습니다. 하지만, 그가 경험했던 왕실과 광야의 삶이 그의 민족을 구원하는 사역에서 결정적 역할을 했다는 사실은 부인할 수 없습니다. 모세가 잊었거나 지우고 싶었던 과거를 하나님이 당신의 뜻을 위해 창조적으로 사용하신 것입니다. 물고기도 낚아 본 적이 없는 사람이 사람을 낚는 것은 어려운 일입니다. 역으로, 시몬의 어부 경험은 사람을 취하는 데 유효한 지식과 기술로 활용될 수 있었습니다.

둘째, 예수께서 시몬을 부르신 이유, 그에게 맡긴 사명은 궁극적으로 '사람을 살리는 것' 입니다. "사람을 낚는 어부가 되리라"에서 "어부가 되리라"라는 부분은 어부로서 시몬의 과거와 그의 새로운 사명 간의 연속성을 보여줍니다. 반면, "사람을 낚는"이란 대목은 양자 간의 분명한 단절을 지적합니다. 이전에 어부 시몬의 그물에 걸린 물고기의 운명은 '죽음' 이었습니다. 이것은 시몬뿐 아니라 모든 어부에게 잡힌 물고기들의 공통된 운명입니다. 하지만, 이제부터 사람을 낚는 어부 시몬에게 잡힌 사람들은 사망에서 벗어나 '영생'을 얻습니다. 하나님이 이 세상에 아들 예수를 보내신 궁극적 목적이 그를 믿는 자들에게 "영생을 얻게 하는 것"이었기 때문입니다. 요3:16 예수께서 자신을 생명의 떡, 생명의 물로 소개했기 때문입니다. 요7:37~38 이제 그런 예수의 제자가 된 시몬은 스승을 따라 스승과 함께 스승의 이름으로 사망의 몸에 붙들린 사람들을 살릴 것입니다. 사실, 그날 이후, 시몬을 만난 사람들의 삶은 변했습니다. 예수를 만난 사람들이 삶의 근원적 변화를 경험했듯이, 예수의 제자가 된 시몬을 통해 똑같은 사건들이 극적으로 반복되었습니다. 시몬의 설교를 들은 사람들이 회개하고 구원을 받았으며, 그의 손길이 닿은 자마다 병과 죽음에서 해방되었습니다. 시몬이 스승 나사렛 예수의 이름으로 복음을 전하고 병자들을 만졌을 때, 예수께서 행하셨던 기적과 똑같은 기적이 발생했습니다. 이처럼, 예수께서 시몬에게 새로 주신 사명은 '사람을 살리는 것'입니다.

사도행전 9장에서 우리는 사울의 회심 장면을 읽을 수 있습니다. 사울은 다메섹의 기독교 공동체를 와해시키기 위해 일군의 무리를 이끌고 떠났습니다. 성서는 당시 사울의 상태를 "위협과 살기가 등등하여"[1]절라고 표현합니다. 얼마 전, 열혈 유대교인들은 자신들의 전통에 도전했던 스데반을 길거리에서 공개처형했습니다. 그런 집단적 광기에 사로잡힌 사울은 누구보다 뜨거운 열정과 충성심 속에 다메섹을 향해 거침없이 달려갔습니다. 이처럼, 예수를 만나기 전, 사울은 자신의 종교를 보호하기 위해 "위협과 살기가 등등" 했습니다. 종교적 충성과 배타적 민족주의가 결합하여, 자기 종교의 순수성을 유지하기 위해 일체의 '다름'을 용납하지 못한 채, 무서운 폭력마저 불사했던 것입니다. 이렇게 종교에 미친 '광신자'에게 물리면, 종교적 '광견병'에 걸릴 수밖에 없습니다. 다 죽습니다. 하지만, 그런 사울에게 부활하신 예수께서 나타나셨습니다. 예수는 자신을 그런 종교적 광기와 폭력의 희생자로 소개합니다. "나는 네가 박해하는 예수라."5절 그 후, 사울의 삶은 극적으로 변했습니다. 그는 교회를 파괴하거나 예수를 박해하는 대신, "예수가 하나님의 아들이심을 전파"20절했습니다. 뒤틀린 종교적 열심 때문에 살기가 등등했던 '사울'이 진리를 위해 고난 속에 생명을 전하는 '바울'로 역전된 것입니다. "내가 복음을 부끄러워하지 아니하노니, 이 복음은 모든 믿는 자에게 구원을 주시는 하나님의 능력이 됨이라."고전1:16 주님께 사명 받은 자의 변화된 모습이 그러합니다.

10년 동안 기독교와 이슬람 간의 종교분쟁을 취재해 온 엘리자 그리즈월드는 그녀의 책 『위도 10도』에서 나이지리아, 수단, 소말리아, 인도네시아, 말레이시아, 그리고 필리핀까지 위도 10도 상에 존재하는 종교분쟁지역의 참담한 현실을 생생해 전해줍니다. 그곳 사람들은 종교를 위해 목숨까지 바칩니다. 하지만, 그들의 삶은 종교 때문에 이미 지옥입니다. 사랑과 평화, 구원과 생명을 가르치는 이슬람과 기독교는 그 지역에서 민족, 정치, 종교의 기묘한 화학작용 속에, 수백 년간 동족끼리 살육을 벌이고 있습니다. 무슬림들은 기독교인들의 공격적 선교활동을 민족과 문화에 대한 침탈행위로 규정하고 잔인하게 박해합니다. 기독교인들은 이슬람의 확산을 저지하고 자신들의 종교를 지키려고 목숨을 걸고 투쟁합니다. 인류의 구원을 설파하는 종교가 정작 인류의 죽음을 부추기는 현실을 어떻게 이해해야 할까요?

물론, 우리나라가 위도 10도에 있지 않고, 그 지역과 같은 수준의 종교적 갈등이 존재하지 않습니다. 따라서 우리가 이런 이야기에 공감하긴 쉽지 않습니다. 하지만, 오늘날 한국교회 안에서도 타자들을 향한 배타적·폭력적 언어가 난무합니다. 사랑과 용서를 말하지만, 교회 안에 분열과 갈등이 존재합니다. 평화와 상생을 설교하지만, 성도 간에 고소·고발이 무성합니다. 교인들 사이에 특정지역 출신들을 배척하고 정치적·신학적 견해차를 극복하지 못합니다. 심지어 교회가 특정 정치이념과 결합하여 배타적 정치세력으로 변모하는 모습까지 보입니다. 우리 안에 존재하는 또 다른 '위도 10도'입니다.

저는 오랫동안 기독교가 다른 종교들보다 우월한 종교라고 생각했습니다. 지금도 많은 기독교인이 그렇게 믿고 있습니다. 하지만, 요즘에는 무조건 기독교가 타 종교보다 우월하거나, 모든 기독교인들이 항상 옳은 것이 아님을 절감합니다. 예수의 말씀대로, 사랑, 용서, 화해, 평화를 전하고 실천하는 기독교, 즉 '생명을 살리는 기독교'는 훌륭한 종교입니다. 하지만, 성서의 이름으로, 차별, 억압, 폭력, 전쟁을 정당화하는 기독교, 즉 '생명을 죽이는 기독교'는 타락한 종교입니다. 주님은 자발적으로 십자가에 달리심으로써 이 땅을 구원하셨습니다. 주님은 어부 시몬을 "사람을 낚는 어부"로 부르셨습니다. 이제 우리를 부르십니다. "누구든지 나를 따라오려거든 자기를 부인하고 자기 십자가를 지고 나를 따를 것이니라."막8:34 기독교는 내가 살겠다고 타인을 죽이는 종교가 아니라, 내가 죽어 타인을 살리는 종교입니다. 그래서 길이요 진리요 생명인 것입니다

❖ ❖ ❖

목회를 시작하고 3년이 흘렀습니다. "천하보다 귀한 영혼들이" 기적처럼 조금씩 모이기 시작했고, 작은 공동체가 형성되기 시작했습니다. 우리는 꿈을 꾸기 시작했습니다. 그런데 가을이 되었을 때 이런저런 이유로 성도들이 교회를 떠나기 시작했습니다. 한 달 만에 교인들의 수가 한 달 전에 비해 1/3로 줄었습니다. 대부분은 가정과 직장의 문제로 불가피하게 교회를 떠날 수밖에 없었습니다. 하지만, 그 중에는 오랫동안 헌신하며 교제를 나누었으나, 이해할 수 없는 이유로 교회를 떠난 가정도 있었습니다. 지난 3년간 열악한 상황에서 때로는 외로움, 때로는 두려움과 씨름하며 목회했는데, 다시 원점으로 돌아가고 말았습니다.

그렇게 다시 한 달이 지나고 새해가 밝았습니다. 새해 두 번째 주일을 앞둔 토요일 저녁, 저는 주일설교를 준비하고 있었습니다. 그런데 갑자기 마음 깊은 곳에서 분노가 치밀어 오르기 시작했습니다. 그 분노는 무능한 저 자신에 대한 분노였습니다. 3년 동안 목회한 결과가 이토록 초라한 것에 대한 실망이 자학으로 돌변해서 저의 가슴을 짓눌렀습니다. "이 바보야, 겨우 이 정도 밖에 안 되냐?" 또한, 그 분노는 떠난 성도들을 향한 분노였습니다. "어떻게 우리를 두고 떠날 수 있단 말인가!" 너무나 서운하고 얄미웠습니다. 그리고 그 분노는 하나님을 향한 분노였습니다. 내가 지난 3년 동안 어떻게 목회했는지를 잘 아시는 하나님이 어떻게 나에게 이러실 수 있는지, 저는 이해할 수 없었습니다. 실망, 미움, 원망이 폭풍처럼 제 마음을 강타했습니다. 저는 설교준비를 중단했습니다. 그리고 아내에게 선포했습니다. "여보, 나 목회 그만둘래. 도저히 못 하겠어. 내일 교인들에게 발표하고, 월요일에 지방회에 사직서 제출할래." 당황한 아내는 제게 아무 말도 못했습니다.

저는 바로 침대에 누워 이불을 뒤집어썼습니다. 주일설교도 포기하고 잠자리에 든 것입니다. 하지만, 가슴에서 요동치는 분노와 불안 때문에 좀처럼 잠이 오지 않았습니다. 본래, 어디서든 머리만 대면 바로 잠에 떨어지는 사람인데, 그날은 아무리 노력해도 깊이 잠들지 못했습니다. 결국, 그렇게 밤새 뒤척이다 눈을 떴습니다. 아침 7시였습니다. 목회를 중단하기로 했지만, 주일설교 준비를 안 한 것이 마음이 걸렸습니다. "그래, 이렇게 비참하게 목회를 끝내더라도, 유종의 미는 거두어야지. 고별설교를 준비하자." 저는 무작정 성서를 들고 집을 나섰습니다. 마음이 무겁고 정신이 혼미했기 때문에, 찬바람을 맞고 싶었습니다. 저는 아파트단지 주위를 돌다가, 마침 문을 연 카페 안으로 들어갔습니다.

카페 안에는 여종업원 한 명밖에 없었습니다. 저는 뜨거운 커피 잔을 손으로 만지며, 무심코 성서를 넘겼습니다. 물론, 성서가 눈에 들어오지 않았습니다. 집중할 수도 없었습니다. 그렇게 착잡한 심경心境 속에 성서를 넘기다 여호수아 1장에 이르렀습니다. 첫 문장이 섬광처럼 눈에 들어왔습니다. "여호와의 종 모세가 죽은 후에." 이 본문이 "○○○ 집사가 떠난 후에"로 읽혔습니다. 무언가에 사로잡힌

듯, 저는 다음 구절들을 집중하여 읽기 시작했습니다. 이어지는 구절들에서, 여호수아는 자신의 두려움을 절절히 고백합니다. 그는 위대한 지도자 모세의 그늘에 있었습니다. 모세의 지시에 따라 충실하게 행동했을 뿐, 한 번도 주체적으로 판단하고 행동한 적이 없었습니다. 그런데 그가 평생 존경하고 의지했던 거인 모세가 죽었습니다. 그뿐만 아니라, 모세 같은 위대한 지도자도 감당하기 어려웠던 골치 아픈 수많은 백성이 그에게 맡겨졌습니다. 게다가, 앞에는 요단강이 놓여 있고, 건너편에는 무서운 가나안 족속이 그들을 기다리고 있었습니다. 이 모든 상황 앞에서 여호수아는 두려웠습니다. 모든 것을 포기하고 도망치고 싶었을 것입니다. 저는 이런 상황들을 상상하며 여호수아 1장을 읽었습니다. 저는 여호수아 안에서 제 모습을 보았습니다. 제가 지금 당면한 현실과 여호수아의 상황이 정확히 일치했던 것입니다.

상황에 짓눌린 여호수아에게 두려움이 엄습했습니다. 그때, 하나님이 여호수아를 향해 말씀하셨습니다. "두려워하지 말며 놀라지 말라." 여호수아가 두려움에 휩싸여 있다는 사실을 하나님이 정확히 파악하셨고, 그에게 위로와 확신이 필요하다는 사실도 아셨습니다. 그래서 하나님은 반복해서 위로하고 격려하신 것입니다. 그뿐만 아니라, 모세는 죽었지만, 여호와 하나님이 여호수아와 함께하겠다고 약속하셨습니다. "네가 어디로 가든지 네 하나님 여호와가 너와 함께 하느니라." 그러면서 더욱 강하고 단호한 목소리로 그의 사기를 북돋아주셨습니다. "강하고 담대하라." 이어서 하나님은 여호수아에게 비전을 주셨습니다. 고집불통과 불신앙으로 똘똘 뭉친 이스라엘 백성과 씨름하며 에너지를 낭비할 것이 아니라, 혹은 떠나간 영웅을 그리워하며 우울증과 상실감에 허송세월하는 대신, 오직 그를 통해 이루실 비전과 프로젝트를 하나님이 그에게 제시하셨습니다.

이제 너는 이 모든 백성과 더불어 일어나 이 요단을 건너 내가 그들 곧 이스라엘 자손에게 주는 그 땅으로 가라. 내가 모세에게 말한 바와 같이 너희 발바닥으로 밟는 곳은 모두 내가 너희에게 주었노니, 곧 광야와 이 레바논에서부터 큰 강 곧 유브라데 강까지 헷 족속의 온 땅과 또 해지는 쪽 대해까지 너희의 영토가 되리라. 수1:2-4

그뿐만 아닙니다. 하나님은 어리병병한 여호수아를 위대한 지도자로 세우시겠다고 약속하셨습니다. 세상에서 당할 자가 없는 위대한 인물이 될 것이라고 선포하셨습니다. "네 평생에 너를 능히 대적할 자가 없으리니."수1:5 하나님은 모세를 축복하고 사용하셨던 것과 똑같이 여호수아를 축복하고 사용하실 것입니다. 하나님이 모세를 통해 이룬 위대한 일들을 이제는 여호수아를 통해 이루실 것입니다. 아니, 심지어 모세도 못 이룬 일, 즉 가나안 땅을 정복하는 일을 그의 부하였던 여호수아를 통해 완성하실 것입니다. 그 놀라운 역사의 중심에 여호수아가 서게 될 것입니다.

그렇지만, 이 엄청난 프로젝트가 완성되려면, 여호수아가 해야 할 일이 있었습니다. "이 율법 책을 네 입에서 떠나지 말게 하며 주야로 그것을 묵상하여 그 안에 기록된 대로 다 지켜 행하라."수1:8 무슨 말일까요? 하나님을 바라보라는 것이지요. 하나님만 의지하라는 것이지요. 전에는 여호수아가 모세를 의지했습니다. 하지만, 이제부터는 모세가 아니라 하나님을 바라보고 의지해야 합니다. 얼마 전까지 백성이 무섭고 부담스러웠습니다. 자신의 능력에 비해 이스라엘 백성은 감당하기 어려운 짐이었습니다. 사람을 의지하거나 사람에게 집착할 때, 여호수아는 두려움의 노예가 될 수밖에 없습니다. 그런 삶은 늘 고통과 불안의 연속일 뿐입니다. 하지만, 이제 그는 하나님만 바라보고 의지하며 순종해야 합니다. 그러면 형통하리라는 것입니다.

저는 여호수아를 향한 하나님의 간절한 말씀을 바로 저를 향한 말씀으로 읽었습니다. 하나님이 저의 두려움을 보시고, "놀라지 말라. 두려워하지 말라. 강하고 담대하라. 내가 너와 함께 하겠다"라고 큰 소리로 말씀하시는 것 같았습니다. 동시에, 떠나지 않고 남은 소수의 성도를 기억하게 하셨습니다. 그들은 부담스러운 짐이나 치워버리고 싶은 쓰레기가 아니라, 함께 사역할 "하나님의 남은 자들"임을 깨닫게 하셨습니다. 그리고 제가 주사랑교회를 개척할 때 주께서 주셨던 사명, 즉 죽어가는 주사랑교회를 하나님의 은혜 가운데 성도들과 함께 살려내는 일을 떠올리게 하셨습니다. 제 가슴이 뛰기 시작했습니다. 눈에서는 하염없이 눈물이 흘러내렸습니다. 제가 하나님을 바라보지 못하고, 여전히 사람들에게 의존했던 모습이 너무나 부끄러웠습니다. 이렇게 바닥에 내려와서야 다시 하나님의 음성이 들리고 그분을 바라볼 수 있게 된 것이 부끄럽고 또한 감사했습니다. "맞아, 모세가 죽지 않았으면 여호수아는 있을 수 없었어. 그래 ○○○ 집사님이 교회를 떠나지 않았다면, 나는 결코 온전한 목사가 될 수 없을 거야. 그래, 목회는 내 학위, 지식, 언변으로 하는 것이 아니야. 사람들의 배경, 헌금, 숫자도 결정적인 것이 아니야. 해답은 내가 하나님을 바라보는 거야. 하나님을 하나님으로 인정하는 거야. 그분의 말씀을 주야로 묵상하고 그 가운데 기록한 것을 다 지켜 행하는 거야. 그게 답이야. 정답은 사람이 아니라 하나님이야. 주사랑교회는 내 것이 아니라, 하나님의 것이야!" 그렇게 저는 커피 잔을 손으로 감싼 채, 얼굴은 눈물로 범벅되어 기도하기 시작했습니다. "주님, 다시 시작하겠습니다. 다시 개척하는 심정으로 바닥부터 다시 시작하겠습니다. 적은 무리지만 남은 성도들과 함께 다시 시작하겠습니다. 죽어가는 교회를 살릴 수 있도록 도와주십시오. 주님만 바라보겠습니다. 주님의 뜻만 구하겠습니다. 주님, 도와주십시오…." 이것을 성령세례라고 말할 수 있을지 모르겠습니다. 저는 그렇게 목회 후 최대의 위기를 넘겼습니다. 주사랑교회를 향한 저의 사명을 다시 확인하는 순간이었습니다. 추운 1월 아침, 한 커피숍 안에서 말입니다. 그날 카운터에 있던 여인이 그런 저의 모습을 보고 무슨 생각을 했을까요? 쪽팔린 것이 대수입니까? 다시 살아났는데. 할렐루야!

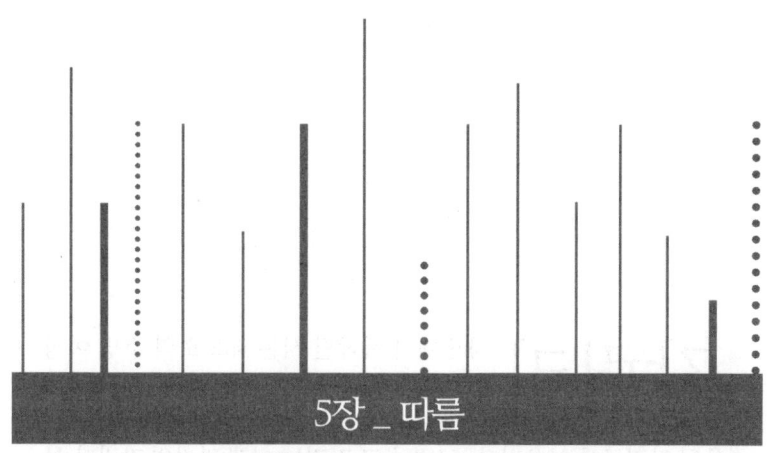

# 5장 _ 따름

그들이 배들을 육지에 댄 후,
모든 것을 버리고 예수님을 따랐다. 눅5:11

# 갈릴리

해변에서 시작된 시몬 베드로의 소명 여정은 호수 위의 극적인 반전을 거쳐, 마침내 처음의 자리로 돌아옵니다. 그러나 그 자리는 이제 과거의 자리가 아닙니다. 잠시 떠났다 돌아오는 귀향의 터가 아니라, 이제는 영원히 떠나야 할 이별의 현장입니다. 짧지만 격렬했던 주님과 시몬 사이의 영적 씨름은 마침내 시몬이 예수를 따름으로 막을 내립니다. 물론, 이렇게 내린 막은 드라마의 결말이 아니라 새로운 서막이었습니다. 물고기를 낚는 어부에서 사람을 낚는 제자로 거듭나는 시몬의 소명 이야기, 이제 마지막 장면입니다.

# 극복

*"그들이 배를 육지에 댄 후"*

예수와 함께한 짧은 시간 동안 시몬에게 많은 일이 벌어졌습니다. 예수를 통해 자신을 새롭게 발견하고, 남은 생애 동안 추구할 사명도 찾았습니다. 사람을 낚는 어부가 되라는 하늘의 부름을 받고 나서, 시몬은 이제 옛 생활을 반복할 수 없었습니다. 생물학적으로 그는 종전과 다름없는 뱃사람 시몬이었지만, 존재론적으로 그는 완전히 다른 사람이 되었습니다. 얼마 전까지 그는 자신의 생존을 위해 그물을 던지던 평범한 어부였습니다. 하지만, 이제부터 그는 더는 자신을 위해 살 수 없는 사람, 본훼퍼의 표현처럼, "타자를 위한 존재"로 살아야 하는 비범한 인간이 된 것입니다.

이 과정에서 시몬은 중요한 결단을 내렸습니다. 그것은 바다를 떠나 육지로 공간을 옮긴 것입니다. 성서는 이 장면을 이렇게 기록하고 있습니다. "그들이 배를 육지에 댄 후." 우리가 알고 있듯이, 시몬은 어부였습니다. 그는 물고기를 낚으며 생 대부분을 보냈습니다. 이것은 그의 주 활동 무대가 바다라는 뜻입니다. 물고기는 육지가 아니라 바다에 있기 때문입니다. 비록 어부들이 육지에 집을 짓고 살지만, 그들의 주 무대는 분명히 바다입니다. 그들은 육지가 아닌 바다에 나갔을 때, 육지의 공기가 아닌 바닷바람을 들이마실 때, 육지의 검붉은 땅이 아닌 바다의 푸른빛을 마주할 때, 맥박이 빨라지고 근육에 힘이 들어갔습니다. 더욱이 그곳에서 물고기 떼라도 발견하면, 피가 뜨거워지고 짜릿한 희열마저 느꼈습니다. 그것이 지금까지 뱃사람 시몬의 일상이었습니다.

그런데 이제 시몬이 육지에 배를 댑니다. 바다를 떠나 그의 공간이 육지로 이동하는 순간입니다. 하지만, 이날 집으로 돌아오는 시몬은 만선의 기쁨에 들떠 있지 않았습니다. 두 배에 가득 실은 물고기들 때문에, 어부로서 자신의 실력에 자부심을 느끼거나 그런 행운을 안겨주신 하나님께 감사하지 않았습니다. 자신의 물고기들을 보며 부러워할 이웃들과 기뻐할 가족들 때문에, 가슴이 설레지도 않았습니다. 이번 항해가 고기잡이를 위한 마지막 항해였음을 깨달았기 때문입니다. 바다를 떠나 배를 육지에 대는 순간, 시몬은 더는 물고기를 잡는 어부가 아니라, 사람을 낚는 주님의 제자로서 완전히 새로운 삶을 시작할 것입니다. 그가 잡아야 할 대상은 더는 '물고기'가 아닌 '사람'이며, 그 사람은 '바다'가 아닌 '육지'에 있을 것입니다. 그가 배에서 내리는 순간, '어부 시몬의 시대'는 막을 내리고 '제자 베드로의 시대'가 막을 올릴 것입니다. 소명을 받은 제자의 삶을 위해, 시몬은 바다를 떠나야 했습니다. 시몬은 이 모든 사실을 본능적으로 직감했습니다. 육지가 점점 가까이 다가올수록, 시몬의 마음에 짧지만 거대한 갈등이 다시 일어났을지 모르겠습니다. 계속 바다에 머물까, 아니면 육지에 내릴까? 계속 물고기 잡는 일을 반복할까, 아니면 사람의 생명을 위해 새 삶을 시작할까? 계속 바다의 어부로 살아갈까, 아니면 예수의 제자로 거듭날까? 어찌 그런 혼란이, 망설임이 없었겠습니까? 하지만, '시몬 최후의 유혹'은 마침내 그의 배가 육지에 닿는 순간, 종지부를 찍었습니다.

우리가 주님을 만난 자리는 황홀합니다. 그 매혹이 너무 강렬해서, 우리는 그 자리에 "초막 셋"을 짓고 그곳에 영원히 머물고 싶습니다. 동시에, 우리에게 익숙한 환경, 우리가 살아온 자리, 우리가 잘할 수 있는 일은 예수를 만난 후에도 좀처럼 떠나기 어렵습니다. 우리는 어떻게 해서든 그 자리에서 익숙한 삶을 오래 유지하고 싶어 합니다. 그런데 예수는 당신의 사람들을 새로운 곳으로 보내십니다. 선지자가 있어야 할 곳은 고향이 아닙니다. 전도자는 머리 둘 곳도 없습니다. 제자들은 주님의 뒤를 따라 광야와 거리에서 살았습니다. 하나님의 부름을 받은 아브라함은 70의 나이에 고향을 떠나야 했습니다. 주님과 함께 새로운 삶을 개척하려면, 익숙한 조상의 땅을 떠나야 했습니다. 안락한 갈대아 우르를 떠나 미지의 땅으로 삶의 중심을 옮겨야 했습니다. 하나님을 만난 모세는 80세에 광야를 떠났습니다. 이제부터 그가 할 일은 양과 염소를 돌보는 것이 아니라, 신음하는 동족을 애굽에서 탈출시키는 일이었기 때문입니다. 그는 안전한 광야를 떠나 위험한 에굽으로 자리를 옮겼습니다. 세관에 앉아 있던 마태를 예수께서 발견하셨습니다. 예수는 그에게 자신을 따르라고 초대하셨고, 마태는 주저 없이 그 자리를 떠났습니다. 마태는 자신과 민족을 치료할 수 있는 복음을 전하려면, 자신과 민족을 병들게 했던 돈을 내려놓고, 그동안 지켜온 세관을 떠나야 했던 것입니다. 다메섹 도상에서 예수를 만난 사울은 이방의 사도 바울이 되려면 예루살렘을 떠나야 했습니다. 하나님이 그를 위해 준비한 무대는 좁은 유대 땅이 아니라 광활한 세계였습니다. 그 후, 바울은 편안한 팔레스타인을 떠나 미지의 땅끝을 향해 위험한 행군을 감행했습니다. 결국, 소명은 어부 시몬이 바다를 떠나 땅으로 삶의 무대를 이동하듯이, 우리의 낯익은 삶의 공간을 뒤로하고 "지도 밖으로 행군"하는 것입니다.

하지만, 주님의 부르심을 받고 나서도 자리를 혼동하는 사람들이 너무 많습니다. 주님의 부르심에 따라 뱃머리를 바다에서 육지로 과감하게 돌린 시몬, 선상에서 마지막까지 그를 괴롭혔던 내적 갈등을 극복하고 마침내 배를 육지에 댄 시몬과 다르게 반응하는 사람들이 너무 많은 것입니다. 즉, 자신이 실패했던 물가에서 주님의 기적을 체험했고, 자신이 죄인임을 통렬히 깨달았으며, 주님의 제자가 되겠다며 다부지게 결단도 했지만, 과감히 뱃머리를 돌리지 못하는 신자들이 많습니다. 순간적으로, 자신들이 현재 어디에 있는지, 즉 바다인지 육지인지 감을 잡지 못합니다. 따르겠다고 결심하고 나서도 과거 주변을, 즉 바다에서 머뭇거립니다. 사람을 낚으려면 바다를 떠나 육지로 가야 하는데 좀처럼 바다를 떠나지 못하는 것입니다. 소명을 받들려면 배를 육지에 대야 하는데, 배를 대지 못하고 바다 위에서 방황하는 것입니다. 혹은 받들 각오를 단단히 했지만, 방향을 혼동하여 육지가 아닌 더 먼 바다로 배를 몰아갑니다. 그래서 숭고했던 결단이 고귀한 결실을 보지 못한 채 안타까운 방황으로 귀결되고 맙니다. 일평생, 그 부르심에 온전히 반응하지 못한 죄책감으로 자신을 괴롭힙니다. 마치 애굽을 떠났지만, 목적지 가나안에 들어가지 못하고 40년간 광야에서 방황한 이스라엘 백성처럼 말입니다.

대학에 입학 후 첫 여름방학을 맞았습니다. 며칠 집에서 쉬었더니, 어머니께서 은근히 눈치를 주셨습니다. 남의 집 아이들은 다 아르바이트를 하는데, 멀쩡한 녀석이 집에서 빈둥거리니 못마땅하셨던 것 같습니다. 저는 마음에 부담을 느끼고 집을 나와 친한 형을 찾아갔습니다. 당시 형은 건설현장에서 막노동을 하고 있었는데, 형의 도움으로 저도 같은 현장에서 일하게 되었습니다. 평생 처음 해보는 건설현장의 일은 너무 힘들었습니다. 조금만 일을 해도 다리에 힘이 빠지고 온몸에서 비 오듯 땀이 흘렀습니다. 심지어 숙달된 일꾼들도 계속 다쳤습니다. 저는 힘들고 겁이 났습니다. 그렇게 첫날 일을 겨우 마쳤습니다. 집에 돌아와서 머리를 감는데, 머리가 나뭇가지처럼 뻣뻣했습니다. 저녁식사를 끝내자, 저는 밀려오는 피로에 초저녁부터 곯아떨어졌습니다. 다음날 아침이 되었습니다. 온몸이 납덩이처럼 무거웠습니다. 다시 현장에 가야 하는데, 정말 가기 싫었습니다. 하지만, 어머니는 '고생하는' 아들을 위해 정성껏 아침상을 차리시면서 힘내라고 격려까지 하셨습니다. 제 안에는 두 마음이 전쟁 중이었습니다. 인간적으로, 일 하러 가기 싫었습니다. 생각만 해도 끔찍했습니다. 하지만, 장남으로서 한 푼이라도 벌어 어머니에게 힘을 보태야 했습니다. 밥 먹는 짧은 시간 동안 수백 번도 마음이 변했습니다.

그러면서 마지못해 신발을 신기 시작했습니다. 노동을 위해 군화를 한 벌 샀는데, 신발을 신으면서도 마음이 오락가락했습니다. 그런데 신기했습니다. 마지막 신발끈을 묶고 나니, 저도 모르게 벌떡 일어났습니다. 조금 전까지 복잡했던 생각들이 깨끗이 사라지고, 발이 저를 집 밖으로 끌고나갔습니다. 그렇게 저는 그날도 공사장에서 무사히 일을 할 수 있었습니다.

뱀의 꼬임에 선악과를 따 먹은 아담과 이브. 여인의 유혹에 넘어가 삭발의 수모를 당한 삼손. 자신의 고집에 휘둘리다 물고기 뱃속으로 들어간 요나. 돈에 대한 미련을 포기하지 못해 주님을 따르지 못한 청년 관원. 현실의 난관을 극복하지 못하고 선교여행에서 낙오된 마가와 데마. 이들은 모두 소명의 과정에서 방향을 혼동했던 아픈 기억들입니다. 이런 면에서 시몬이 자신의 배를 육지에 댄 것은 절대 평범하지 않습니다. 어부 시몬이 제자 베드로로 거듭나는 과정에서 이 결단은 또 하나의 결정적 단계가 되었습니다. 선상의 갈등에 종지부를 찍는 순간이기 때문입니다. 어쩌면, 시몬이 배를 육지에 대는 순간, 마치 모든 갈등을 극복하고 아버지 품으로 돌아온 탕자 때문에 아버지가 크게 기뻐하며 잔치를 벌였듯이, 예수께서 세례를 받고 요단강에서 나올 때 하늘에서 "이는 내 사랑하는 아들이요 내 기뻐하는 자라"라는 음성이 들렸듯이, 예수께서 시몬을 향해 "시몬, 그래 바로 그거야. 이젠 됐어. 너는 정말 나의 제자가 된 거야!"라고 선언하셨는지 모르겠습니다.

# 포기

## "모든 것을 버리고"

　육지에 배를 대고 나서 시몬은 모든 것을 버렸습니다. 마치 그러려고 육지에 배를 댄 것처럼, 그는 주저 없이 모든 것을 포기했습니다. 우리는 잘 알고 있습니다. 지난밤에 그에게 무슨 일이 있었는지. 밤새도록 그물을 던졌지요. 왜? 물고기를 잡으려고. 사실, 바다에 그물을 던지는 일은 지난 세월 동안 시몬에게 삶의 유일한 목적이요 기쁨이었습니다. 그것이 그에게 주어진 삶의 방식이요 정해진 운명이었습니다. 게다가 얼마 전, 그는 그물이 찢어지도록 물고기를 잡았습니다. 그토록 소망했던 열매를 손에 쥔 것입니다. 지난밤의 헛수고가 한순간에 만회되던 극적인 경험이었습니다. 그런데 육지에 배를 대고 나서, 그는 모든 것을 미련 없이 버렸습니다.

　그가 버린 것은 구체적으로 무엇이었을까요? 무엇보다, 자신이 잡은 물고기를 버렸습니다. 얼마 전까지 물고기는 그의 삶의 가장 중요한 목적이요 이유였습니다. 물고기를 잡아야 그와 가족들이 목숨을 부지할 수 있었기 때문입니다. 그가 물고기를 얼마나 많이 탁월하게 잡느냐로 그의 삶의 가치가 평가되었습니다. 그의 경우, 세상의 다른 일은 못해도 변명의 여지가 있습니다. 하지만, 고기 잡는 일을 제대로 못 하면, 그것은 용서받을 수 없는 죄입니다. 하지만, 예수를 만나 '사람 낚는 어부가 되라'는 사명을 받고 나서, 물고기는 더는 삶의 궁극적 관심이 아니었습니다. 그가 남은 생애에 목숨을 걸어야 할 대상은 '물고기'가 아니라 '사람'이었기 때문입니다. 그래서 그렇게 고생해서 잡은 물고기, 그렇게 많이 잡은 물고기조차 그는 아낌없이 버릴 수 있었던 것입니다.

또한, 시몬은 바다를 버렸습니다. 조금 전까지, 바다는 그의 삶의 중심 공간이었습니다. 물론, 땅에 집을 짓고 사람들과 더불어 살았지만, 그가 진실로 삶의 의미와 활력을 확인했던 자리는 바다였습니다. 땅에서 그는 천한 어부였습니다. 땅에서 그의 삶은 가난했고 미래도 없었습니다. 하지만, 배를 몰고 바다에 나간 순간, 모든 것이 달라졌습니다. 넓고 푸른 바다, 수많은 물고기, 시원한 바람은 시몬에게 살아 있음을 확인시켜주었습니다. 살아야 할 이유를 알려주었고, 살 힘도 제공했습니다. 하지만, 이제 시몬은 그 바다를 버렸습니다. 이제 바다는 그에게 가장 소중한 삶의 현장이 아니었습니다. 그의 생존을 보장하는 유일한 공간도 아니며, 그가 남은 생을 보내야 할 운명의 터전도 아니었습니다. 시몬은 미련 없이 바다에 등을 돌렸습니다.

시몬은 배와 그물을 버렸습니다. 지금까지 시몬에게 배와 그물은 생명줄이었습니다. 바다에는 가족들의 목숨을 지켜줄 물고기가 있었기에, 바다는 그에게 생명의 원천이었습니다. 시몬은 살고자 바다로 나갔습니다. 바다로 가려면, 바다에서 물고기를 잡으려면, 그에게 배와 그물이 필요했습니다. 배와 그물이 없다면, 생명과 부를 무한히 품은 저 넓은 바다는 그림의 떡에 불과했습니다. 하지만, 그에게 배와 그물이 있는 한, 바다는 그의 것이었습니다. 그렇기에, 밤이 새도록 고기잡이에 몰두하고 나서도, 천근같이 몸이 무거워도, 그는 다시 그물을 손질할 수밖에 없었습니다. 그런데 그렇게 소중한 배와 그물을 시몬이 주저 없이 버린 것입니다. 예수를 만난 후 자신이 평생 추구했던 지식을 배설물 같이 버린 바울처럼, 치욕을 무릎 쓰고 한 방울씩 모아 담은 향유를 예수의 발에 아낌없이 부은 마리아처럼 말입니다.

시몬은 가족도 버렸습니다. 지난 세월 그를 바닷가에 붙잡아 두었던 것, 그가 손에서 그물을 놓을 수 없었던 것은 아마도 가족 때문이었을 것입니다. 자신만을 생각했다면, 그가 매일 피곤과 위험을 무릎 쓰고 험한 바다로 나갈 필요가 없었겠지요. 고기 좀 못 잡았다고 애간장을 태울 이유도 없었겠지요. 자기만을 바라보는 가족들 때문에, 그는 자신의 몸을 사릴 수도, 반복되는 일상에서 도피할 수도 없었습니다. 하지만, 예수를 만난 이후, 그의 생각에 근본적인 변화가 발생했습니다. 더는, 가족이 그의 삶 전부가 될 수 없게 된 것입니다. 그동안 그의 삶에서 가족이 차지했던 철옹성 같은 자리가 순식간에 예수의 것으로 대치되었습니다. 자기를 통해 생명을 회복할 수많은 사람에 대한 기대와 흥분 속에서, 시몬은 가족에 대한 집착과 미련마저 내려놓을 수 있었습니다. 예수를 따르고 싶었으나 끝내 가족과의 끈을 놓을 수 없었던 수많은 사람과 달리, 그날 시몬은 그 질긴 끈을 스스로 끊었습니다.

끝으로, 시몬은 고향마저 버렸습니다. 평생 떠난 적이 없던 그 땅, 떠날 것이라고 상상도 해본 적이 없던 그 땅에 시몬은 더는 머물 수 없었습니다. 지금까지 그의 삶은 고정되고 안정되었습니다. 그곳에서 태어나고 자랐으며 결혼도 했습니다. 어릴 때부터 뛰어다닌 동네는 눈감고도 다닐 수 있을 만큼 그의 머리와 몸에 익숙했습니다. 조상 때부터 살아온 고향에서 모르는 사람이 없었습니다. 사방을 둘러봐도 같은 땅에서 같은 일을 하며 살아온 낯익은 얼굴들뿐이었습니다. 그곳이 바로 그의 고향입니다. 하지만, 주님을 따르려면, 그 낯익고 안정되고 편안한 고향마저 버려야 했습니다. 고향을 떠난 순간부터, 그는 거리의 전도자로 돌변합니다. 어디서 잠을 잘지, 무엇을 먹을지, 어떻게 생계를 꾸릴지, 아무것도 정해지고 보장된 것이 없습니다. 그렇게 불안하고 위험한 삶을 위해 지금까지 누려온 안정과 안전을 포기해야 했습니다. 지금, 시몬이 저지른(?) 일입니다. 하나님을 만난 후 고향을 떠났던 아브라함처럼, 하나님의 명령을 받고 광야를 떠났던 모세처럼, 시몬도 고향을 떠나 주님이 지시한 땅으로 가야 했습니다.

시몬의 결단은 절대 쉽지 않았을 것입니다. 어느 누가 돈과 재산을 쉽게 포기할 수 있겠습니까? 그것도 그토록 갖고 싶었던 것을, 가지려고 그토록 수고했던 것을, 그리고 마침내 자기 손에 움켜쥔 것을 말입니다. 그토록 구원을 갈망했지만 끝내 재산을 포기할 수 없어서 쓸쓸히 돌아섰던 부자 청년을 기억한다면, 시몬의 결단이 얼마나 예외적인지 짐작할 수 있습니다. 자신의 직업을 포기하는 것은 어떻습니까? 평생 배우고 익힌 유일한 기술, 자신이 능숙하게 할 수 있는 유일한 일, 자신의 생계를 유지할 수 있는 유일한 도구, 그것이 직업의 의미 아닙니까? 그것을 포기한다는 것은 자신의 존재를 지탱했던 가장 결정적인 무기를 포기하는 것입니다. 40년을 목동으로 보냈던 모세가 하나님의 명령에 끝까지 주저했던 상황을 이해한다면, 시몬의 결단이 얼마나 극적이고 충격적인지 알 수 있습니다. 가족과 고향을 떠난다는 것도 똑같은 맥락에서 이해할 수 있습니다. 손바닥 보듯이 훤히 아는 곳이 고향입니다. 그곳의 땅, 하늘, 공기, 그리고 사람 모두가 삶의 일부요, 존재의 근거가 되는 곳입니다. 그러므로 이런 고향과 가족을 떠나 타향살이를 시작한다는 것은 지금까지의 모든 기록을 삭제하고 백지상태에서 다시 시작하는 것과 같습니다. 그야말로 어른이 어머니 뱃속으로 다시 들어가는 것만큼 기막힌 일입니다. 회심의 의미를 쉽게 이해하지 못했던 니고데모를 결코 조롱할 수 없는 이유가 바로 여기에 있습니다. 이런 정황을 고려할 때, 시몬이 모든 것을 버렸다는 사실은 정말 감동적입니다.

몇 년 전, 제 친구 김기현 목사로부터 전화가 왔습니다. "서울에서 한번 보자." 강남의 한 카페에서 두 남자 목사들이 시간 가는 줄 모르고 수다삼매경에 빠졌습니다. 그렇게 대화가 이어지던 중, 갑자기 기현이 말했습니다. "나 모잠비크로 떠난다." 저는 깜짝 놀랐습니다. 명문대학 출신이자 강남 유명교회 수석 부목사로서 그의 미래는 밝았기 때문입니다. 얼마 후에는 건실한 교회의 담임목사로서 보장된 목회를 시작할 기회가 올 것입니다. 그런데 왜 그런 미래를 내려놓고, 그 나이에 아프리카란 말인가! 김 목사는 서울대 농생물학과를 졸업했습니다. 사실, 그는 자신의 의지와 상관없이 학교의 강요로 농경제학과를 선택했습니다. 당시에 우리는 학교의 강압을 폭력이라고 비판했고, 기현의 불행한 선택을 안타까워했습니다. 21세기에 농생물학이라? 그런데 몇 년 전부터 기현은 교회 청년들과 중국·인도·모잠비크에 단기선교를 다니기 시작했습니다. 그곳 사람들의 비참한 삶을 보며 마음이 아팠습니다. 그러면서 자신도 모르는 사이에, "이곳에 ○○작물을 심으면 좋을 텐데…"라는 생각이 들었다고 합니다. 저도 몇 차례 단기선교를 다녀왔지만, 선교지에서 단 한 번도 그런 생각이 들지 않았습니다. 하지만, 기현은 달랐습니다. 한국으로 돌아와서도, 그들의 비참한 삶과 농작물에 대한 생각으로 그의 마음이 혼란했습니다. 결국, 김 목사는 그런 마음을 하나님의 부르심으로 인정하고 모잠비크 선교사로 헌신한 것입니다. 기현은 얼마 후, 가족과 함께 아프리카로 떠났습니다. 남아공에서 1년간 언어와 현지 적응훈련을 하고 모잠비크로 이동했습니다. 그러던 어느 날, 선교지에서 대형 교통사고가 일어났습니다. 그의 가정과 다른 선교사님 가정이 차로 이동하던 중, 맞은편에서 중앙선을 넘어온 덤프트럭에 김 목사의 아내와 다른 선교사님 사모님이 목숨을 잃은 것입니다. 상상할 수 없는, 절대 용납할 수 없는 참담한 일이 벌어진 것입니다. 김 선교사는 한국에 들어와 상황을 정리하고 망가진 몸을 치료했습니다. 어느 정도 건강이 회복되자, 그는 다시 두 아이를 데리고 모잠비크로 돌아갔습니다. 지금도 김 선교사는 모잠비크에서 홀로 사역 중입니다. 모잠비크로 떠나기 전, 서울역에서 그를 잠시 만났습니다. 그가 손을 흔들며 뒤돌아설 때, 저는 자기를 부인하고 십자가를 지고 주님을 따르는 또 한 명의 시몬을 보았습니다. 제가 사랑하고 존경하는 제 친구 김기현 선교사입니다.

우리는 제자도의 의미가 변색된 세상에서 살고 있습니다. 제자 됨의 과정에서 모든 것을 버리고 주님을 선택하는 결정적 순간이 종적을 감춘 지 오래되었습니다. 제자 됨이 또 하나의 생계수단으로 전락하고, 또 하나의 경력으로 치부되며, 또 하나의 삶의 액세서리로 탈바꿈한 것이 우리의 서글픈 현실입니다. 주님을 위해 버리고 포기하는 고통이 부재하기 때문에, 죽었다 다시 사는 경험이 실종되었기 때문에, 모든 것을 삭제하고 다시 시작하는 극적인 과정이 면제되었기 때문에, 자칭 '제자들'의 더미 속에서 주님은 극심한 고독을 느낄 수밖에 없습니다. 우리는 어떻게 제자가 되었습니까? 우리는 제자 됨의 과정에서 무엇을 버렸습니까? 자칭 제자임에도 여전히 무엇을 덕지덕지 몸에 달고 살지는 않습니까? 좁은 길로 초대받았지만, 끊임없이 좁은 길에서 '도로확장공사'를 벌이진 않습니까? 우리의 제자도가 또 다른 형태의 부의 축적, 명예 추구, 권력 획득의 수단으로 악용되지는 않습니까? 모든 것을 버리겠다고 공언했지만, 끊임없이 새로운 재산, 새로운 직업, 새로운 고향과 가족을 갈망하지는 않습니까? 스승 엘리사를 속이고 나아만 장관에게 금품을 취했던 게하시는 결국 문둥병자가 되었습니다. 두렵습니다.

# 따름

## "예수님을 따랐다"

소명의 마지막 단계는 주님을 따르는 것입니다. 이 순간에 이르려고, 시몬은 그토록 복잡하고 고통스러운 과정을 거쳐야 했습니다. 당차게 일어나 주님 뒤를 따르지 않는다면, 이전의 모든 과정은 일순간에 물거품이 되고 맙니다. 소명의 모든 과정은 '따름'으로 마무리됩니다. 이런 점에서 시몬은 자신의 모든 것을 버리고 예수를 따름으로써, 터질 것 같은 긴장 속에 진행되던 소명과정을 완벽하게 마무리할 수 있었습니다. 그 결과, 시몬은 소명의 귀중한 모델이 되었습니다. 그렇다면, 예수를 따른다는 것은 구체적으로 무슨 뜻일까요?

무엇보다, 그것은 예수를 자신의 주인으로 인정하는 것입니다. 주인으로 인정하는 것은 주인의 권위를 인정한다는 뜻입니다. 이런 의미의 주종관계는 겟세마네의 예수 모습에서 가장 극적으로 드러납니다. 십자가 처형 직전, 예수는 하나님 앞으로 나갔습니다. 자신 앞에 놓인 죽음의 잔을 옮기도록 그분을 설득하기 위해 말입니다. 그는 온 힘을 다했습니다. 세 번이나 기도했다는 말, 땀이 피가 되도록 기도했다는 표현은 그가 얼마나 간절히 하나님을 설득하려 했는지를 말해줍니다. 하지만, 기도 중에 예수는 하나님의 뜻을 깨닫습니다.

하나님의 뜻은 예수 앞에 놓인 잔을 치우는 것이 아니라, 예수가 그 잔을 마시는 것이었습니다. 개인적으로 예수는 그 무서운 순간을 모면하고 싶었습니다. 그래서 하나님께 "우주를 쥐어짜는" 기도를 드린 것입니다. 그러나 하나님의 뜻을 분명히 깨달은 이상, 자기주장을 고집할 수 없었습니다. 자신은 그런 현실을 거부하고 싶었지만, 하나님의 권위를 인정할 수밖에 없었습니다. 결국, 예수는 하나님을 설득하러 올랐던 산에서 자신의 뜻을 접고 내려옵니다. 하나님의 권위를 인정하고, 자신의 이기적인 기도를 멈춥니다. 이처럼, 죽음까지 불사하며 주님의 권위를 인정하는 것, 이것이 바로 따름의 진면목입니다.

또한, 예수를 따른다는 것은 그분의 말씀을 믿는 것입니다. 달리 말하면, 예수를 믿는 것은 그의 말씀을 신뢰하고 순종하는 것입니다. 사실, 믿음은 신비입니다. 단순한 지적 이해나 정서적 동의가 아니기 때문입니다. 봄날에 활짝 핀 벚꽃을 보고, "저기 아름다운 벚꽃이 피었다"라고 말하는 것, 그 말에 지적으로 동의하기는 무척 쉽습니다. 이것은 지성에 근거한 인식의 문제이기 때문입니다. 하지만, 시한부 인생을 사는 말기 암환자에게 "당신은 꼭 완치될 거야"라고 말하는 것, 그리고 그 말에 정서적으로 동의하는 것은 어려운 일입니다. 이것은 믿음의 문제이기 때문입니다. 공중곡예를 하는 서커스단원이 잡고 있던 그네를 놓으려면 자기를 기다리는 다른 곡예사를 믿어야 합니다. 예수를 따르려면 바로 그런 믿음이 필요합니다. 합리적 이성에 근거한 논리적 추론이나 많은 사람의 연대보증 혹은 확실하고 풍족한 보험에 근거한 것이 아니라, 오직 "나를 따르라"라는 그분의 말 한마디에 의지하여 그 뒤를 따라야 합니다. 시몬은 예수를 따르면서 믿음의 정수를 몸으로 배웠습니다. 그는 예수의 말씀에 의지해서 물 위를 걸었던 것입니다. 폭풍우가 몰아치고 파도가 요동치는 상황에서, 예수는 시몬에게 이성이나 감정 대신, 믿음을 요구하셨습니다. 예수를 따른다는 것은 그런 삶을 반복하는 것입니다.

예수를 따른다는 것은 예수와 함께 산다는 뜻이기도 합니다. 예수와 함께 살면, 매 순간 경이로움과 위기를 동시에 경험합니다. 예수와 함께 살기에 누리는 혜택이 있습니다. 그분의 경이로운 말씀을 듣고 배울 기회가 타인들보다 월등히 많습니다. 그분과 더 깊은 개인적·인격적 관계를 맺을 수 있습니다. 예수의 사랑과 관심을 더 많이 받고, 그분에 대해 더 온전히 알 수 있습니다. 점점 더 주님의 매력에 빠져들고 그분을 더 강렬하게 사랑하고 존경하게 됩니다. 반면, 예수와 사는 것은 위기이기도 합니다. 예수께서 육신의 안락을 포기하며 노숙자의 삶을 살았기 때문에, 그를 따르는 제자들도 풍찬노숙風餐露宿을 할 수밖에 없었습니다. 예수께서 종일 사람들에 둘러싸여 강론하고 병을 고쳤기 때문에, 곁에 있는 제자들도 주님과 함께 바쁘고 피곤할 수밖에 없었습니다. 예수의 대중적 인기가 상승하면서 종교적·정치적 권력과 충돌했을 때, 그를 따르는 제자들도 경계와 감시의 대상이 될 수밖에 없었습니다. 마침내, 예수가 타락한 권력에 의해 십자가에 달렸을 때, 제자들도 목숨의 위협을 받을 수밖에 없었습니다. 예수를 따르기로 한 순간부터, 제자들은 예수와 함께 살면서 이 모든 과정을 고스란히 겪어야 했습니다. 따른다는 것은 곧 함께 사는 것이기 때문입니다.

끝으로, 예수를 따른다는 것은 그와 함께 죽는 것입니다. 많은 이들이 주님을 따라나섰습니다. 다부지게 마음을 먹었습니다. 모든 것을 버렸습니다. 하지만, 주님에 대한 대중적 환호성이 잦아들고 그들을 향한 정부의 공격이 거세지면서 그들의 마음이 흔들렸습니다. 하나둘씩 주님의 곁을 떠나기 시작했습니다. 어떤 이들은 소리 없이 사라졌지만, 어떤 이들은 사람들 앞에서 주님과의 관계를 부정했고 심지어 그의 이름마저 저주했습니다. 결국, 주님은 골고다 위에서 두 명의 죄수들과 함께 쓸쓸히 생을 마쳤습니다. 그를 따르던 자들은 모두 떠났고, 그에게 은혜를 입었던 사람들은 그를 저주했습니다. 이런 상황에서, 예수는 죽음보다 고통스러운 배반과 고독의 순간을 홀로 견뎌야 했습니다. 하지만, 골고다 그 죽음의 언덕은 결코 예수 혼자 수치와 죽음을 당할 자리가 아니었습니다. 마땅히 그의 십자가 옆에는 열두 개의 다른 십자가들도 함께 있어야 했습니다. 그렇게 스승과 마지막 순간을 함께하는 것이 제자들의 특권이자 책임이었습니다. 그것이 바로 진정한 따름의 참다운 증거이기 때문입니다. 하지만, 예수의 제자들은 그 순간을 스승과 함께하지 못했습니다. 그들은 스승을 그렇게 외롭게 보냈습니다. 그러나 우리가 알고 있듯이, 모든 제자는 이후에 정신을 차리고 자신들의 본래 자리로 돌아왔습니다. 예수와 한날 한곳에서 마지막 숨을 쉬진 못했지만, 예수의 마지막과 같은 모습으로 각자의 삶을 마쳤습니다. 시몬은 로마에서,

도마는 인도에서, 그리고 야고보는 스페인에서 각자의 삶을 예수처럼 끝낸 것입니다. 제자는 거기까지 스승을 따라야 합니다. 그것이 따름의 끝이며 참모습입니다.

성서에 따르면, 예수를 따르던 사람들이 많았습니다. 산과 들로 그분을 쫓아다니며 그분의 말씀을 경청하고 그분의 기적을 목격했습니다. 예수의 권세 있는 말씀에 열광했고 예수를 통해 치유를 경험하면서 광팬이 되었습니다. 하지만, 성서는 그들을 "무리"라고 명명합니다. 그들이 예수를 따르긴 했지만, 끝내 제자가 되지 못하고 구경꾼으로 머물고 말았습니다. 그들은 예수를 좋아했지만, 그를 위해 아무것도 포기하지 못했습니다. 그들은 예수를 존경했지만, 예수와 함께 거리에서 살지 못했습니다. 그들은 예수의 가르침에 감동했지만, 예수 때문에 예수와 함께 죽지 못했습니다. 그래서 그들은 "무리"로 처리될 수밖에 없었던 것입니다.

오늘날, 한국교회 안에도 수많은 예수의 "무리"들이 존재합니다. 주일마다 교회에는 사람들이 가득합니다. 멋지게 차려입은 선남선녀들이 예배당에 앉아 설교를 듣고 기도를 올리며 찬송을 부릅니다. 헌금도 드립니다. 종교언어를 유창하게 구사하고 종교문화에 익숙한 모습으로 행동합니다. 유능하고 헌신된 기독교인들입니다. 하지만, 순간순간 섬뜩할 때가 있습니다. "혹시 우리가 주님께 그저 무리인 것은 아닐까? 자신의 종교적 만족을 위해 예수 주변을 어슬렁거리다 끝나는 것은 아닐까? 예수를 한 번도 제대로 따르지 못한 채, 단지 예수의 구경꾼으로 살다가는 것은 아닐까?"

수년 전에 청년들과 함께 중국 신장에 단기선교를 다녀온 적이 있습니다. 당시에, 미국에서 온 마크Mark 선교사가 우리를 현지에서 인솔했습니다. 우리는 산에서 양들을 방목하는 위구르족 사람들을 찾아, 위그루어로 번역된 요한복음을 전해주었습니다. 그래서 매일 산에 올라 유목민들을 찾아다녔습니다. 하루는 산에 올랐지만, 유목민들을 찾을 수 없었습니다. 이미 여러 시간을 산에서 보냈으나 소득이 없었습니다. 그때, 마크 선교사가 다른 산에 정찰을 다녀오겠다며, 한 청년을 데리고 떠났습니다. 1시간 후에 돌아온 마크는 저쪽 산에 요르트 하나를 발견했다며, 함께 그곳으로 가자고 말했습니다. 이미 우리는 지쳐 있었고 얼마 후면 산이 어두워질 것이므로, 인솔 책임자였던 저는 그만 하산하자고 제안했습니다. 하지만, 마크 선교사는 꼭 그곳에 가야만 한다며 고집을 피웠습니다. 저는 그의 고집에 기분이 상했지만, 복음을 전하자는데 목사가 무작정 반대만 할 수 없어서, 불편한 마음으로 그를 따라나섰습니다. 우리는 가파른 산을 오르기 시작했습니다. 그런데 산이 무척 험해서 고생을 많이 했습니다. 우리는 아무 말도 하지 않고 숨을 헉헉거리며 산을 올랐습니다. 정상에 거의 도착해서야 잠시 휴식을 취할 수 있었습니다. 그때, 저는 마크에게 퉁명스럽게 물었습니다. "왜 이렇게 고생하며 산을 오르느냐? 이렇게까지 해야 하느냐?"라고 말입니다. 마크가 대답했습니다. "덕만, 나도 힘들다. 하지만, 하나님께서 내 눈에 저 사람들을 보여주셨다. 어쩌면 저들에게 오늘이 복음을 들을 수 있는 생의 마지막 기회일 지도 모른다. 그런데 내가 어떻게 발걸음을 돌릴 수 있겠느냐?" 아, 저는 왜 늘 이 모양일까요? 이 정도 수준밖에 안 될까요? 언제, 마크 수준의 제자가 될 수 있을까요?

정말, 이제는 우리 차례입니다. 시몬처럼 배를 뭍에 대고 모든 것을 버리고 예수를 따라나서야 합니다. 십자가를 지고 산을 오르시는 주님의 뒤를, 우리 자신의 십자가를 지고 묵묵히 따라야 합니다. 예수께서 자신이 직접 지고 간 십자가 위에 달리는 순간까지, 바로 그의 옆자리까지 따라야 합니다. 그러기에, 이 땅의 모든 사람이 제자가 되는 것은 현실적으로 불가능합니다. 그렇게 예수를 따라나선 사람의 수도 고작 열두 명이었고, 그들마저 끝까지 따르지 못했던 것을 우리는 기억합니다. 그럼에도, 예수께서 우리를 부르십니다. "함께 십자가를 지고 가자! 함께 십자가로 세상에 도전하고 저항하자! 세상의 구원을 위해 함께 십자가에 달리자!" 우리는 바로 그 순간 그 자리까지 주님을 따름으로써, 우리를 향한 주님의 부르심에 온전히 응답해야 합니다. 이곳이 소명의 끝자리입니다.

❖ ❖ ❖

저는 중학교 2학년 때, 장차 목사가 되겠다며 하나님께 헌신했습니다. 하지만, 고3이 되었을 때, 심각한 신앙적 고민에 빠졌습니다. 저의 황당한 질문과 당돌한 행동으로, 저는 교회에서 골치 아픈 아이로 찍혔습니다. 목사님을 찾아뵙고 진학 및 신앙상담을 요청했습니다. "목사님, 저 신학교 가고 싶지 않은데, 가기 싫으면 안 가도 되지요? 아무리 예전에 서원했어도 말이에요!" 목사님께서 대답하셨습니다. "그럼, 평안감사도 자기 싫으면 그만인데, 누가 너를 강제로 신학교에 보내겠니? 하지만, 정말 하나님께서 너를 목회자로 선택하셨다면, 언젠가 네 안에 신학교에 가고 싶다는 마음이 불타오를 것이다. 지금은 아무도 너를 강제로 신학교에 보내지 못하지만, 그때가 되면, 또 아무도 네가 신학교에 가는 것을 강제로 막지 못할 것이다." 저는 그 말씀을 제가 신학교에 가지 않아도 된다는 하나님의 면죄부로 받아들이고 주저 없이 일반대학에 진학했습니다. 그렇게 세월이 흘렀습니다. 대학에서 저의 삶은 엉망이었습니다. 겉으로는 평범하고 모범적이었지만, 제 안에서 신앙은 무너져 내렸습니다. 사상은 유물론과 무신론에 점령되었습니다. 성격은 냉소적이 되고 매사에 비판적으로 변했습니다. 그러면서도 교회에서 여전히 학생들을 가르치고 다양한 봉사를 했습니다.

그런 상황에서 아버지가 쓰러지셨습니다. 폐결핵과 진폐증으로 폐 한쪽의 기능이 정지되었습니다. 체중이 절반으로 줄어들고 얼마 후에는 제대로 걷지도 못하셨습니다. 아버지는 유성의 한 병원으로 장기요양에 들어가셨고, 어머니는 아버지 병간호를 위해 직장마저 그만둔 채 유성으로 함께 내려가셨습니다. 막냇동생은 공고 마지막 학기에 취직되어 수원으로 떠났습니다. 집에는 저와 여동생만 남게 되었습니다. 그뿐만 아니라, 여자 친구의 부모님들이 우리 교제를 극렬히 반대하시기 시작했습니다. 그런 상태에서 군대 영장이 나왔습니다. 순식간에, 집안이 뿔뿔이 흩어지게 된 것입니다. 사는 것이 늘 힘들었지만, 이렇게까지 곤두박질 칠 수 있을까요? 어디가 바닥일까요? 제 삶에서 가장 어두웠던 순간이었습니다. 사면이 암흑으로 둘러싸였고, 넘을 수 없는 거대한 벽으로 막힌 것 같았습니다. 비통한 심정으로 군대에 갔습니다.

그런데 기막힌 일이 벌어졌습니다. 제가 훈련소에서 신체검사에 떨어진 것입니다. 어렵게 카투사 시험에 합격해서 논산훈련소에 들어갔는데, 입소한 198명 중 2명이 신체검사에 불합격했고, 그중 한 사람이 저였습니다. 폐결핵이라는 것입니다. 사실, 대학 1학년 때 저는 결핵에 걸려 6개월간 치료를 받았습니다. 하지만, 곧 완치되어 치료를 중단했습니다. 그런데 신검에서 결핵 흉터가 있으므로, 집으로 돌아가 치료하라는 진단이 나온 것입니다. 저는 "방위" 판정을 받고 집으로 돌아왔습니다. 하지만, 병원에서 다시 확인했을 때, 제 폐는 멀쩡했습니다. 비록 흉터는 남았지만, 건강에는 문제가 없다는 것입니다. 할렐루야! 저는 6개월 후에, 방위생활을 시작했습니다. 덕택에, 집에 홀로 있던 여동생과 함께 생활할 수 있었고, 주말마다 유성에 계신 아버지를 찾아뵐 수 있었습니다. 또 여자친구와 교제도 계속할 수 있었습니다. 그러면서 제 신앙이 회복되기 시작했습니다. 다시 하나님께 기도할 수 있었고 성서도 읽기 시작했습니다. 또한, 군대에서 신실한 동료를 만났습니다. 제대를 몇 달 앞두고, 그들과 함께 새벽마다 부대에서 QT모임을 가졌습니다. 그 모임에 참여하기 위해, 우리는 선임자이었지만 1시간 일찍 출근을 했습니다. 부대 강당에서 모인 새벽 QT 모임에서 성령님이 우리에게 임하셨습니다. 우리는 기도하며 울었습니다. 가슴이 뜨거워졌습니다. 저는 잃었던, 잊었던 소명을 되찾았습니다. 주님께 헌신했던 옛 기억이 돌아왔습니다. 복학 후 저는 1년 동안 준비하여 서울신학대학교 신학대학원에 입학했습니다. 여전히 집안 형편은 어려웠고 장남의 책임도 무거웠지만, 마침내 저는 모든 짐을 내려놓고 주님의 부르심에 순종할 수 있었습니다.

# 에필로그

예수를 따라나선 것으로 제자도가 완성되지 않습니다. 물론, 주님의 부르심에 응답하며 뒤를 따르는 과정도 대단히 극적이지만, 이후의 삶은 더욱 치열하고 혹독합니다. 모든 것을 버리고 예수를 따라나선 베드로의 삶도 마찬가지였습니다. 그는 주님을 따르며 수많은 사건도 경험했고, 주님의 가르침을 직접 받으며 서서히 제자로 성장했습니다. 성장에 속도가 붙었던 기간이 있었습니다. 성숙의 깊이가 극적으로 깊어진 순간도 있었습니다. 하지만, 치명적인 실수와 오류로 바닥까지 추락했던 때도 여러 차례였습니다. 그렇게 부침을 거듭하면서, 베드로는 위대한 사도로 우뚝 서게 되었습니다.

"시몬의 장모가 열병으로 누워 있는지라" 막1:30

예수를 따르면서, 시몬 베드로는 본격적으로 제자훈련을 받았습니다. 이 시기에 베드로가 직접 혹은 독자적으로 무슨 일을 한 적은 없습니다. 대신, 예수의 사역을 곁에서 돕고, 그가 행하는 기적을 목격하며, 그분의 가르침을 깊이 받았습니다. 물론, 예수의 교훈과 사역은 '하나님나라'를 중심으로 구성되었습니다. 이것은 예수가 자신의 사역을 시작하면서 낭독했던 이사야서를 통해 공표되었습니다.

주의 성령이 내게 임하셨으니 이는 가난한 자에게 복음을 전하게 하시려고 내게 기름을 부으시고 나를 보내사 포로 된 자에게 자유를, 눈 먼 자에게 다시 보게 함을 전파하며 눌린 자를 자유롭게 하고 주의 은혜의 해를 전파하게 하려 하심이라사61:1과 눅4:18-19

.이런 장엄한 선언은 이후 예수의 가르침과 다양한 사역을 통해 구체적으로 실천·적용되었습니다. 예수는 시간과 장소에 구애받지 않고, 자신이 만난 병자들을 죽음에서 혹은 죽음과 다를 바 없는 고통에서 구했습니다. 그를 통해, 삶의 의미를 상실했던 사람들, 죽지 못해 살던 사람들, 심지어 죽은 사람들이 극적으로 새 삶을 찾았습니다.

베드로의 경우, 예수의 제자가 된 직후 예수와 함께 자신의 장모 댁을 방문했습니다. 당시에 그의 장모는 열병으로 병석에 누워계셨습니다. 그녀의 상황을 확인하고 나서, 예수가 손을 잡아 일으키자, 즉시 열병이 떠나고 병에서 회복되었습니다. 이것은 앞으로 3년 동안 베드로가 목격하게 될 예수의 수많은 기적 중 하나에 불과했습니다. 이런 경험을 반복하면서, 시몬은 주님의 사상과 사역을 조금씩 이해할 수 있었습니다. 자신이 직접 사람을 낚는 어부가 되려면, 그는 사람을 낚는 예수의 사역을 먼저 보고 배워야 했던 것입니다.

"베드로가 배에서 내려 물 위로 걸어서 예수께로 가되"마14:29

자신의 장모가 예수에 의해 기적적으로 치유되는 모습부터, 베드로는 수많은 기적을 자신의 눈으로 목격했습니다. 예수의 기적은 한계가 없는 것 같았습니다. 열병, 나병, 중풍병 같은 육체적 질병을 아무런 약도 쓰지 않고 말 한마디나 손끝 하나로 고쳤습니다. 귀신들을 쫓아내고, 심지어 바람까지 잠잠하게 만들었습니다. 그뿐만 아니라, 똑똑하고 집요한 바리새인들 및 서기관들과의 불꽃 튀는 논쟁에서 예수는 촌철살인寸鐵殺人으로 그들의 입을 막았습니다. 이 모든 장면에서, 시몬은 그저 벌어진 입을 다물지 못한 채, 연방 감탄사만 터뜨릴 뿐입니다.

하지만, 시몬 자신이 예수의 기적을 몸소 체험할 기회가 찾아왔습니다. 배 위에서 그물이 찢어지도록 물고기가 잡히는 모습을 보았지만, 그것도 역시 자기 몸 밖에서 벌어진 일이었습니다. 그러던 어느 날, 그에게 엄청난 일이 벌어졌습니다. 역사적인 오병이어 기적을 체험하고서, 제자들은 배를 타고 다음 사역지로 이동했고 예수는 기도하러 산에 홀로 오르셨습니다. 그런데 갑자기 돌풍이 불어 제자들이 탄 배가 바다 한가운데서 심각한 위기에 처했습니다. 배에는 전직 어부들로 가득했지만, 거센 바람과 집채만 한 파도 앞에서 그들도 속수무책이었습니다. 그때, 홀연히 바다 위로 예수께서 걸어오셨습니다. 베드로의 입에서 엄청난 말이 튀어나갔습니다. "주여 만일 주님이시거든 나를 명하사 물 위로 오라 하소서."마14:28 주께서 베드로에게 "오라"라고 허락하셨습니다. 그 말이 끝나자마자, 베드로는 주저하지 않고 배에서 내려 물 위를 걷기 시작했습니다. 그가 예수의 말씀을 믿고 그물을 던졌을 때 기적을 체험했었습니다. 이제 똑같은 상황에서, 베드로는 다시 한 번 예수의 말씀을 믿고 물 위에 발을 내려놓았습니다. 그리고 그는 이전의 기적보다 더 엄청난 기적을 직접 체험하게 되었습니다. 예수처럼, 그도 물 위를 걷게 된 것입니다.

하지만, 그는 아직 예수의 믿음과 능력에 미치지 못했습니다. 물 위에 발을 내디뎠을 때, 사방에서 불어오는 바람 소리가 그의 귀에 들렸습니다. 그 순간, 그의 마음속에 공포가 엄습했습니다. 걸으라는 예수의 말씀보다 무섭게 불어오는 바람 소리가 더 크게 들리고, 자신을 쳐다보는 예수의 얼굴보다 거칠게 요동치는 파도가 더 뚜렷하게 보인 것입니다. 그 순간, 자신도 예수처럼 물 위를 걸을 수 있다는 믿음보다, "이러다가 죽겠구나!"라는 두려움이 그의 마음을 장악했습니다. 그렇게 믿음을 잃은 순간, 물 위를 걷던 그의 신비한 능력도 사라졌습니다. 놀라운 체험을 했지만, 그 체험이 오래가지 못했습니다. 그는 순식간에 물속으로 빠져들었고 예수의 도움으로 간신히 목숨을 구할 수 있었습니다. "믿음이 작은 자여 왜 의심하였느냐"라는 주님의 꾸중도 들었습니다. 마14:31 예수의 위대함을 다시 한 번 확인하면서, 동시에 자신의 연약함도 더욱 깊이 절감하는 순간이었습니다. 하지만, 그런 경이적인 체험을 통해, 베드로는 예수와 자신에 대한 보다 온전한 이해와 깨달음에 한발 더 다가갈 수 있었습니다.

"시몬 베드로가 대답하여 이르되, 주는 그리스도시요 살아 계

신 하나님의 아들이시니이다"마16:16

베드로는 예수와 많은 시간을 함께 보내며, 예수를 점점 더 깊이 알게 되었습니다. 배 위에서 예수의 기적을 체험하고서, 예수에 대한 인식이 선생에서 주님으로 변했습니다. 그것은 불교에서 말하는 "돈오"頓悟, 즉 순간적 깨달음이었습니다. 하지만, 순간적 각성이 생각과 삶 전체를 지배하는 진정한 깨달음으로 내재화되려면 더 많은 학습과 체험이 필요했습니다. 순간적 각성은 상황의 변화와 여건의 변동에 따라 쉽게 흔들릴 위험이 다분하기 때문입니다. 다행히도, 예수와 함께 보낸 적지 않은 시간 덕택에 베드로는 예수의 실체에 조금씩 근접할 수 있었습니다.

어느 날, 예수께서 빌립보 가이사랴 지방에 이르렀을 때, 제자들에게 사람들이 자기를 누구라고 부르는지 물으셨습니다. 이때, 시몬 베드로가 대답했습니다. "주는 그리스도시요. 살아 계신 하나님의 아들이시니이다." 배 위에서 시몬은 예수를 "주님"으로 고백했습니다. 하지만, 지금 시몬의 고백에서, 우리는 예수에 대한 그의 이해가 훨씬 더 깊고 온전해졌음을 확인할 수 있습니다. 그 주님을 "그리스도"와 "살아계신 하나님의 아들"로 고백했기 때문입니다. 이 깨달음은 사람의 능력이 아니라 오직 하나님의 은총으로 가능한 일이었습니다. 더욱이, 시몬의 고백에 감동하신 예수께서 그에게 새 이름을 주셨습니다. "내가 네게 이르노니, 너는 베드로라."마16:18 예수를 통해, 시몬이 베드로가 된 것입니다. 아브람이 아브라함으로 야곱이 이스라엘로 사울이 바울로 바뀐 것처럼, 시몬이 베드로가 되었습니다. 그가 새롭게 거듭나는 경이로운 순간입니다. 동시에, 예수께서 그 위에 당신의 교회를 세우고 그에게 "천국 열쇠"를 주시겠다고 약속하셨습니다. 사람을 낚는 어부 시몬 베드로를 통해 교회가 세워지고 하늘과 땅이 연결되는 역사적 순간입니다. 이 장면에서, 우리는 주님의 교회가 그분에 대한 우리의 온전한 인식과 순전한 고백 위에 세워짐을 발견합니다.

하지만, 시몬 베드로는 아직 온전한 단계에 이르지 못했습니다. 예전에 비해, 예수보다 훨씬 더 깊이 알게 되었고 그에 대한 주님의 기대도 훨씬 더 커졌지만, 예수에 대한 시몬의 이해는 여전히 불완전했습니다. 그렇게 기특한 고백과 경이적인 축복 직후, 베드로는 수난을 예고하시는 주님의 말씀을 가로막았습니다. 그 순간, 예수께서 그를 "사탄"이라고 명하며 크게 질책하셨습니다. 주님을 따르면서 주님을 더 많이 알게 되었지만, 그는 여전히 "하나님의 일을 생각하지 아니하고 사람의 일을 생각하"마16:23고 있었던 것입니다. 이때, 베드로는 예수께 가장 큰 칭찬과 가장 무서운 질책을 동시에 받은 사람이 되었습니다. 하지만, 그런 불완전한 모습 속에서, 우리는 시몬의 뚜렷한 성장을 확인할 수 있습니다.

"베드로가 맹세하고 또 부인하여 이르되 나는 그 사람을 알지 못하노라 하더라"마26:72

빌립보 가이사랴 사건 이후, 베드로는 지적·영적으로 꾸준히 성장했습니다. 그는 예수 곁에서 심오한 가르침을 계속 들을 수 있었습니다. 예수의 공개적·개인적 강의를 듣고 예수와 학자들 간의 논쟁을 지켜보면서, 하나님나라에 대한 그의 이해는 깊어졌습니다. 그뿐만 아니라, 변화산에서 예수의 거룩한 모습을 목격하고 그가 엘리야와 모세와 함께 있는 현장에 참여하면서, 그의 영적 수준은 급상승했습니다. 특별히, 예수에 대한 대중적 인기가 빠르게 확산하면서, 자신의 미래에 대한 꿈도 함께 부풀어 올랐습니다.

그러던 어느 날, 그의 삶에 최대 위기가 찾아왔습니다. 대중적 인기가 절정에 올랐던 바로 그 순간, 예수께서 로마군대에 체포된 것입니다. 자신들이 칼을 빼들고 저항했지만 그를 지킬 수 없었습니다. 겁에 질린 동료 제자들은 뿔뿔이 흩어졌습니다. 하지만, 베드로는 끝까지 그를 따르겠다며 그의 뒤를 밟았습니다. 예수는 대제사장들과 장로들 앞에서 심문받고 모욕을 당했습니다. 예수는 마지막까지 침묵하며 그 수난을 감내했습니다. 이 광경을 멀리서 지켜보던 베드로에게 한 여종이 다가왔습니다. "너도 갈릴리 사람 예수와 함께 있었도다." 그 말을 듣는 순간, 베드로는 거의 반사적으로 예수와 자신의 관계를 부인했습니다. "나는 그 사람을 알지 못한다." 이 과정이 세 차례나 반복되었습니다. 마지막에는 "저주하며 맹세하여" 예수를 모른다고 악을 썼습니다. 그의 울부짖음이 끝나자 닭이 세 번 울었습니다.

이렇게 베드로는 제자로서 자신의 경력 절정에서 허망하게 추락했습니다. 지난 3년간 그의 모든 수고와 헌신이 수포로 돌아갔습니다. 예수와의 관계를 부정함으로써 그와 예수의 관계는 끝났습니다. 예수를 위해 자신의 직업, 고향, 가족마저 포기했던 그의 결단과 희생이 무효가 되었습니다. 예수의 제자가 되겠다며 눈물과 땀으로 보낸 세월이 허송세월이 되고 말았습니다. 예수께서 수난을 당하는 과정에서, 성서는 가룟 유다와 베드로 외에 다른 제자들의 이름은 언급하지 않습니다. 예수를 은 30냥에 팔아넘긴 가룟 유다와 예수를 세 번 부인했던 시몬 베드로가 같은 무게로 성서에 기록되고 있는 것입니다. 둘 다 씻을 수 없는 죄를 범한 것입니다. 베드로는 그렇게 한순간에 추락했습니다. 베드로의 전성기는 그렇게 끝난 것처럼 보였습니다.

> "예수께서 시몬 베드로에게 이르시되 요한의 아들 시몬아 네가 이 사람들보다 나를 더 사랑하느냐 하시니" 요21:15

예수께서 십자가에 처형당했습니다. 제자들이 여럿이었으나 아무도 그분을 지키지 못했습니다. 심지어 시몬은 어두운 밤 여종 앞에서 예수를 세 번이나 부인했습니다. 예수의 죽음에 실망하고 자신의 배반에 절망한 시몬은 모든 것을 버리고 고향으로 돌아갔습니다. 힘들게 포기했던 그물, 다시는 잡지 않을 줄 알았던 그물을 다시 손에 잡았습니다. 가족들은 그의 귀향을 반겼겠지요. 가족을 버렸던 그의 행동을 이해·용납할 수 없었지만, 이제라도 돌아왔으니 다행이라고 생각했을 겁니다. 하지만, 동네 사람들은 그의 초라한 귀향을 마음껏 비웃었을 겁니다. 종교에 빠져 가족까지 버렸던 인간이 3년 만에 거지꼴이 되어 나타났으니 말입니다. 베드로에게도 다시 찾은 고향은 이전과 같지 않았습니다. 다시 올라탄 배, 다시 잡은 그물, 그리고 다시 만난 바다가 무척이나 낯설었습니다. 사실, 예수를 제외하고 세상은 아무것도 변한 것이 없지만, 시몬에게 세상은 옛날과 똑같을 수 없었습니다. 그에게 예수 없는 세상, 예수 없는 삶은 더는 의미가 없었기 때문입니다.

그러던 어느 날, 예수께서 그를 찾아왔습니다. 분명히 그는 자기 눈앞에서 죽었습니다. 그의 육신이 십자가 위에서 늘어지고 무덤에 누인 것까지 자기 눈으로 확인했습니다. 그런데 그렇게 죽었던 예수가 다시 살아 돌아온 것입니다. 자신의 초라한 귀향과 예수의 놀라운 부활은 너무나 극명한 대조를 이룹니다. 그가 부활했다는 동료의 말을 듣는 순간, 그의 온몸은 불길에 휩싸였습니다. 도무지 그대로 있을 수가 없었습니다. 노를 젓는 시간마저 참을 수 없어, 그는 바다로 몸을 던졌습니다. 어떻게 그 바다를 헤엄쳐 왔는지 모르겠습니다. 그렇게 그는 부활한 예수 앞으로 달려왔습니다. 두 사람이 다시 만났습니다. 자기 앞에서 죽었던 예수가, 자기 눈으로 죽음을 확인했던 예수가 다시 살아서 자기를 처음 찾아왔던 그 자리로 다시 찾아온 것입니다.

두려움과 흥분에 휩싸인 시몬을 향해 예수께서 말씀하셨습니다. "요한의 아들 시몬아 네가 이 사람들보다 나를 더 사랑하느냐?" 주님은 이 질문을 세 번 반복하셨습니다. 주님은 너무 정확하고 집요하셨습니다. 자기를 세 번 부인했던 베드로에게 자기를 사랑하느냐는 질문을 똑같이 세 번 반복함으로써, 그리고 자기를 세 번 부인했던 바로 그 입으로 자기에게 사랑을 세 번 반복해서 고백하도록 배려함으로써, 시몬에게 사죄의 기회를 주셨기 때문입니다. 시몬은 주님의 질문에, "내가 주님을 사랑하는 줄을 주님께서 아시나이다"라고 대답했습니다. 이것은 시몬이 주님께 자신의 사랑을 최초로 고백한 사건입니다. 주님과의 관계를 부정했던 시몬은 주님에게 사랑을 고백함으로써, 입으로 지은 죄를 용서받았습니다. 그 순간에, 망가졌던 관계가 회복되었습니다. 그렇게 시몬은 다시 시작할 수 있었습니다. 시몬도 주님과 함께 부활한 것입니다.

> "그들이 다 성령의 충만함을 받고 성령이 말하게 하심을 따라 다른 언어들로 말하기를 시작하니라" 행2:4

얼마 후, 예수는 승천하셨습니다. 이제 제자들이 예수 없는 교회를 이끌어야 했습니다. 얼마 전까지 그들은 예수의 뒤를 수동적으로 따랐을 뿐입니다. 예수께서 모든 것을 혼자서 해결하셨습니다. 굶주릴 때, 예수께서 먹을 것을 주셨습니다. 폭풍으로 죽음에 직면했을 때, 바다와 바람을 꾸짖어 잔잔하게 하셨습니다. 바리새인들과 서기관들이 곤란한 질문으로 공격했을 때, 그분의 한마디가 상황을 종료시켰습니다. 그런데 이제 예수께서 하늘로 올라가신 것입니다. 한 번도 주체적으로 사역한 적이 없던 그들이, 한 차례도 지도력을 발휘한 적이 없던 그들이 이제부터 교회를 책임져야 했습니다. 그들은 부담과 두려움에 전율할 수밖에 없었습니다.

성령을 보내주겠다는 주님의 말씀에 의지해서, 다시 한 번 제자들이 모였습니다. 말씀에 의지해서 그물을 던졌듯이, 말씀에 의지해서 바다에 발길을 내디뎠듯이, 이번에도 베드로는 다른 제자들과 함께 말씀에 의지해서 성령을 기다리며 기도하기 시작했습니다. 언제 어디서 어떻게 성령이 오신다는 설명은 없었습니다. "너희는 몇 날이 못 되어 성령으로 세례를 받으리라"라는 예수의 말씀만 믿고 울부짖었을 뿐입니다. 얼마나 지났을까요? 제자들이 마가의 다락방에서 기도할 때였습니다. 오순절 날, 성령께서 그들 위에 임하셨습니다. 성서는 성령의 모양을 "불의 혀" 같았다고 묘사합니다. 성령이 임하자 그들이 방언으로 말하기 시작했습니다. 그 광경을 목격한 사람들은 그들을 조롱하며 비판하기 시작했습니다. 낮부터 술에 취해 술주정을 한다고 말입니다. 하지만, 제자들은 술이 아니라 성령에 취한 것입니다.

이 순간, 베드로가 입을 열었습니다. 얼마 전 어두운 밤, 한 여종 앞에서조차 예수를 부인했던 베드로가 대낮에 수천 명의 사람 앞에서, 예수가 누구인지, 그가 왜 십자가에 달렸는지, 정확하고 담대하게 전파하기 시작했습니다. 그의 설교에 청중들이 동요하기 시작했습니다. 복음의 능력에 압도된 수천 명의 사람이 자신들의 죄를 회개하고 세례를 받았습니다. 그 결과, 초대교회가 탄생했습니다. 그 최초의 교회는 하나님을 예배하는 차원을 넘어 물건을 통용하고 삶을 공유하는 진정한 신앙공동체가 되었습니다. 세상의 칭찬을 받고 하나님의 영광이 나타났으며 구원받는 사람들의 수가 증가했습니다. 진정한 부흥의 현장, 부흥의 역사가 되었습니다. 이제 베드로는 예수를 수동적으로 따라다니던 갈릴리 어부가 아니었습니다. 그는 정말 사람을 낚는 어부가 된 것입니다. 성령의 능력으로 십자가의 도를 전하는 진정한 사도가 된 것입니다.

"이 말씀을 하심은 베드로가 어떠한 죽음으로 하나님께 영광을 돌릴 것을 가리키심이러라" 요21:19

오순절 체험 이후, 베드로의 삶은 완전히 변했습니다. 예수의 사역을 곁에서 돕거나 그의 사역을 경이로운 눈빛으로 구경하던 단계에서 벗어나, 예수께서 행하셨던 일들을 그대로 반복하는 위대한 제자가 된 것입니다. 베드로는 복음의 핵심을 간파했고 그것을 능력과 지혜 속에 전파했습니다. 그는 때와 장소를 가리지 않고 십자가의 도를 전했습니다. 유대인뿐 아니라 이방인에게도 말씀을 선포했습니다. 평민들뿐 아니라 종교지도자들 앞에서도 복음을 부끄러워하지 않았습니다. 한 사람 앞에서 복음을 증거 할 뿐 아니라 수많은 군중 앞에서도 예수가 메시아라고 설교했습니다.

예수처럼, 베드로도 수많은 병자를 고쳤습니다. 선천성 앉은뱅이를 예수의 이름으로 일으켰습니다. 중풍병자 애니아도 똑같은 방법으로 고쳤습니다. 이 일을 통해 많은 사람이 하나님께 영광을 돌렸습니다. 죽은 사람을 살린 적도 있었습니다. 욥바의 도르가가 그 주인공입니다. 역으로, 돈 때문에 하나님과 교회 앞에서 거짓말을 했던 아나니아와 삽비라는 그의 말 한마디에 목숨을 잃었습니다. 모두가 두려워 떨었습니다. 귀신을 쫓아내기도 했습니다. "예루살렘 부근의 수많은 사람도 모여 병든 사람과 더러운 귀신에게 괴로움 받는 사람을 데리고 와서 다 나음을 얻으니라."행5:16 심지어, 그가 기도했을 때 성령이 임하기도 했습니다. 로마 백부장 고넬료 집안에 성령이 임했고, 그렇게 하나님나라가 유대의 경계를 넘어 이방 세계로 확장되었습니다.

또한, 베드로는 예수 때문에 고난을 당했습니다. 그는 성령을 통해 예수의 본질을 간파하고 그에 대한 사랑과 열정에 불타올랐습니다. 그는 과거의 오류를 반복하고 싶지 않았습니다. 이제는 그의 열정과 헌신을 방해할 것은 없었습니다. 군중의 함성도 공권력의 폭력도 그의 거침없는 행보를 막을 수 없었습니다. 그는 계속 예수의 이름으로 기적을 행했고 예수의 도를 전했습니다. 그 결과, 그는 체포되고 감방에 갇혔습니다. 예수의 도를 전하지 말라는 협박을 끊임없이 받았습니다. 하지만, 그런 위협을 받을 때마다, 그는 거리낌 없이 선언했습니다. "사람보다 하나님께 순종하는 것이 마땅하니라."행5:29 전설에 의하면, 그는 로마에서 9개월 동안 투옥되고 나서, 채찍질을 당하고 머리를 거꾸로 하여 십자가에 못 박혀 순교했습니다. 예수를 따라나섰던 사고뭉치 시몬 베드로가 예수의 예언처럼 예수와 비슷하게, 아니 예수보다 더 참혹하게 십자가에 거꾸로 달려 생을 마감한 것입니다. 이로써 시몬 베드로는 제자도의 영원한 모델이 되었습니다.

이것이 시몬 베드로가 소명을 받은 이후, 성서에서 확인할 수 있는 그의 자취들입니다. 예수를 당차게 따라나섰지만, 수많은 난관이 그를 기다리고 있었습니다. 예수와 함께한 시간이 무척 소중하고 행복했지만, 동시에 그와 함께 했기 때문에 피할 수 없었던 고난과 위기도 많았습니다. 하지만, 그 모든 경험은 그가 제자로 훈련받고 훌륭한 제자로 성장하는 데 필요했던 '제자도 커리큘럼'이었습니다. 주님의 제자는 강의실에서 교과서를 읽음으로써 만들어지지 않았습니다. 제자는 닭장에서 생산되는 수많은 달걀도 아니며, 공장에서 대량으로 제조되는 상품도 아닙니다. 바울의 고백처럼, 모든 제자는 "해산하는 수고"를 통해 탄생합니다. 아기가 태어나자마자 어른이 되는 것은 아닙니다. 탄생의 과정보다 훨씬 더 길고 복잡하며 고통스러운 성장과정이 기다리고 있습니다. 그 과정을 통과하면서 자신도 모르는 사이에 조금씩 어린아이가 성인으로 자라는 것입니다. 수많은 사람이 예수의 말씀을 듣고 그의 기적을 체험했지만, 그의 제자가 된 사람은 12명에 불과했습니다. 그나마 한 명은 마지막 순간에 잃었습니다. 그것이 주님의 제자양육이 남긴 현실적 결과였습니다.

　이것은 소명의 무게와 가치를 역설적으로 말해줍니다. "사람을 낚는 어부가 되리라"라는 주님의 부르심, 즉 소명은 참으로 무서운 초청입니다. 아무나 들을 수 없고 함부로 대답할 수 없는 부르심입니다. 하지만, 누군가는 반드시 대답하고 따라야 할 주님의 뜻입니다. 사방에서 교회가 무너지는 지금, 꼭 실현되어야 할 하늘의 사건입니다. 수, 양, 속도라는 경제학적 원리에 장악된 세상에서, 거대한 원

양어선이 저인망으로 싹쓸이하는 종교시장의 바다에서, 주님은 또 한 명의 시몬을 부르십니다. 수많은 인간적 결함에도 불구하고, 수없이 같은 실수를 반복해도, 주님에 대한 소박한 마음으로 깊은 바다에 그물을 던졌던 시몬처럼, 돈, 섹스, 권력이란 중금속에 오염된 세속의 바다에서 배를 뒤집고 죽어가는 이 시대의 병든 영혼들을 향해, 주님의 말씀에 의지하여 오늘도 믿음으로 생명의 그물을 던질 또 한 명의 시몬 말입니다. 당신이 그 시몬이길 바랍니다. 진심으로.